Sandra Branco

Atividades
com temas
transversais

1ª edição
2009

© 2009 by Sandra Branco

© Direitos de publicação
CORTEZ EDITORA
Rua Monte Alegre, 1074 – Perdizes
05014-000 – São Paulo – SP
Tel.: (11) 3864-0111 Fax: (11) 3864-4290
cortez@cortezeditora.com.br
www.cortezeditora.com.br

Direção
José Xavier Cortez

Editor
Amir Piedade

Preparação
Alexandre Soares Santana

Revisão
Alexandre Ricardo da Cunha
Auricélia Lima Souza
Roksyvan Paiva

Edição de arte
Mauricio Rindeika Seolin

Ilustrações
Antonio Carlos Tassara

Impressão
Paym Gráfica e Editora Ltda.

Foto da capa
Sandra Branco

Dados Internacionais de Catalogação na Publicação (CIP)
(Câmara Brasileira do Livro, SP, Brasil)

Branco, Sandra
    Atividades com temas transversais / Sandra Branco. – 1. ed. –
São Paulo: Cortez, 2009. – (Oficinas aprender fazendo)

    Bibliografia.
    ISBN 978-85-249-1520-8

    1. Ensino fundamental – Atividades, exercícios etc. 2. Livros-
texto (Ensino fundamental). I. Título. II. Série.

08-10530   CDD-377.1

Índices para catálogo sistemático:

1. 1. Ensino integrado: Livros-texto: Ensino fundamental 372.19

Impresso no Brasil — setembro de 2009

Agradeço aos bons amigos:

Prof. Amir, pela sensibilidade e confiança em meu trabalho;
minha mãe e Dimar, pela doce e segura presença;
Marilene, pela constante boa vontade e afeto.

Sumário

"O meu olhar é nítido como um girassol.
Tenho o costume de andar pelas estradas
Olhando para a direita e para a esquerda,
E de vez em quando olhando para trás...
E o que vejo a cada momento
É aquilo que nunca antes eu tinha visto,
E eu sei dar por isso muito bem...
Sei ter o pasmo essencial
Que tem uma criança se, ao nascer,
Reparasse que nascera deveras...
Sinto-me nascido a cada momento
Para a eterna novidade do mundo..."

(Fernando Pessoa)

Introdução

Temas transversais são aqueles que, ao atravessarem o currículo escolar, colaboram na formação dos alunos, ajudando a consolidar valores necessários à vida saudável, tanto psicológica quanto social. Possibilitam horizontes de uma vida digna, repleta de significados, que estabeleça estreita relação de respeito e harmonia entre os homens e a natureza e também entre os próprios homens.

A transversalidade, uma realidade em nossas escolas, contribui sobremaneira na construção do conhecimento por parte de nossos alunos, ao criar ou fortalecer atitudes que promovam o bom convívio e o bom viver.

Os temas transversais sugeridos são: Ética, Meio Ambiente, Pluralidade Cultural, Saúde, Orientação Sexual e Trabalho e Consumo. Cada qual com suas características, todos têm a intenção de provocar nos alunos novo pensar sobre a condição humana, a fim de que visualizem de forma integrada o universo, no qual a responsabilidade do homem assume papel de relevante importância, segundo a compreensão de que as ações humanas constituem pilastras para a manutenção da vida.

As atividades propostas para esses seis temas transversais poderão ser desenvolvidas com a devida liberdade didática; ou seja, cabe a cada professor determinar as necessidades de sua turma e as oportunidades curriculares e, posteriormente, eleger a ordem da aplicação das atividades. São apresentadas variadas atividades para cada tema transversal, totalizando 70. Desejo sucesso aos colegas professores no trabalho com elas e espero que possamos fazer da escola um lugar de felicidade que, além de informar, forme homens dignos e cidadãos responsáveis, autônomos, conscientes e solidários.

"Com efeito, no planeta do principezinho havia,
como em todos os outros planetas, ervas boas e más.
Por conseguinte, sementes boas de ervas boas;
sementes más de ervas más. Mas as sementes são invisíveis.
Elas dormem no segredo da terra até
que uma cisme de despertar.
Então ela espreguiça, e lança timidamente para o sol
um inofensivo galhinho.
Se é de roseira ou rabanete, podemos deixar que cresça à vontade.
Mas quando se trata de uma planta ruim,
é preciso arrancar logo, mal a tenhamos conhecido."

(Saint-Exupéry)

ÉTICA

Para trabalhar o tema transversal Ética, apresento algumas atividades que reforçam o caráter da liberdade com responsabilidade e demonstram as armadilhas da escolha. Uma vez que toda escolha implica perda, lidar com as perdas sugere maturidade e envolvimento emocional equilibrado.

Questões que fazem pensar sobre as atitudes dos homens na vida em sociedade são apresentadas de forma didática e com o devido cuidado para favorecer novo pensar sobre o comportamento humano.

> *Moral e ética são conceitos habitualmente empregados como sinônimos, ambos referindo-se a um conjunto de regras de conduta consideradas como obrigatórias. Tal sinonímia é perfeitamente aceitável: se temos dois vocábulos é porque herdamos um do latim (moral) e outro do grego (ética), duas culturas antigas que assim nomeavam o campo de reflexão sobre os "costumes" dos homens, sua validade, legitimidade, desejabilidade, exigibilidade* (Yves de La Taille, 2006).

Atividades que provocam o pensar sobre qual a melhor atitude a tomar em determinada situação de dúvida devem levar o aluno a questionar-se e a questionar os valores presentes na sociedade, avaliando a própria conduta e a conduta de outros; devem possibilitar a busca de alternativas de solução, adequadas aos problemas apresentados, que não firam a dignidade das pessoas. Tais alternativas e atitudes deverão basear-se no respeito e na convivência saudável entre os homens.

As atividades de 1 a 14 referem-se ao tema transversal Ética.

Atividade 1
As boas ações não se esquecem

Esta atividade auxilia o aluno a:
• reconhecer o valor do perdão e das boas ações;
• compreender que atitudes solidárias podem construir boas relações;
• valorizar a amizade.

Conteúdo:
• Fábula *O leão e o rato* (La Fontaine).

Você vai precisar de:
• espaço físico;
• livro ou texto com a fábula.

Procedimento:
• o professor elege um espaço físico onde possam ser acomodados todos os alunos de maneira confortável. Um local ao ar livre é excelente escolha, pela tranquilidade e proximidade com o ambiente da fábula. Sentados todos em roda, o professor inicia a narração.
• ao término da leitura, pergunta aos alunos que ensinamentos podem tirar da história.

• para finalizar, pede aos alunos que contem histórias semelhantes à da fábula ouvida ocorridas em suas vidas ou na vida de pessoas conhecidas e conclui, verificando o resultado das histórias dos alunos e relacionando-as à fábula.

O leão e o rato (La Fontaine)
(Adaptação de Sandra Branco)

Numa bela tarde, o rato Miguel passeava pelo bosque acompanhado por dois companheiros, que considerava seus melhores amigos. E cada um carregava uma zarabatana feita por si mesmo. Eles se divertiam muito pelo bosque, pregando peças em seus companheiros.

O leão Poldo, que dormia estendido sobre a relva, não podia imaginar que seria atacado por um dos ratinhos. De repente, o rato Miguel apontou sua zarabatana na direção do leão Poldo e zapt – soprou com força. Nem houve tempo de os amigos de Miguel o impedirem.

O leão Poldo assustou-se e furioso berrou: – Quem se atreveu a perturbar o rei da floresta?

Logo que viu a correria dos ratinhos, pôs-se a correr atrás deles, que fugiam apavorados. Os amigos do rato Miguel correram mais rápido e conseguiram fugir do leão Poldo, mas o pequeno Miguel fora pego!

Miguel pediu desculpas a Poldo e prometeu não incomodá-lo nunca mais. Implorou que o deixasse ir. O leão, comovido, deixou Miguel voltar para junto de seus amigos.

Algum tempo se passou...

Numa manhã de verão, temidos caçadores prepararam uma armadilha. E o leão Poldo ficou preso numa grossa rede suspensa no ar. Coitado do Poldo!

O leão gemia tanto e tão alto, que o rato Miguel e seus amigos ouviram e correram para junto da armadilha. Ao ver o nobre leão aprisionado, Miguel sentiu muita pena, aproximou-se de Poldo e começou a roer a rede com seus dentinhos afiados. Em poucos minutos o leão estava livre e aliviado.

Desde então, o rato Miguel e o leão Poldo tornaram-se grandes e inseparáveis amigos.

Atividade 2
Momento do voto

Esta atividade auxilia:

- no exercício da cidadania;
- no reconhecimento das lideranças e no respeito às diferenças;
- no respeito ao próximo e na socialização de ideias;
- no desenvolvimento da prática da escolha com responsabilidade, consciência e respeito.

Conteúdo:

- eleição do representante de classe.

Você vai precisar de:

- cartolinas, canetas hidrocor, fita colante, canetas esferográficas;
- cédulas de votação (que podem ser papéis recortados no tamanho 10 cm x 4 cm) em número suficiente para os alunos da classe.

Procedimento:

- o professor inicia a atividade explicando aos alunos a importância da representatividade estudantil nas decisões relativas à educação e à conduta deles, a fim de promover o exercício dos deveres e dos direitos.
- considerando os princípios da democracia, promove uma discussão sobre a necessidade de escolher um representante de classe.
- em seguida, oferece uma folha de cartolina aos interessados no cargo, que descreverão nela suas intenções como representante de classe e as apresentarão aos colegas.
- após a apresentação, os alunos escrevem em sua cédula eleitoral o nome daquele que julgam ser o melhor candidato.
- para finalizar, o professor abre a urna eleitoral e, juntamente com os alunos, faz a contagem dos votos.

Os alunos podem escolher um candidato para representante de classe e também um suplente.
A ideia principal é que se enalteçam os valores presentes no momento da escolha, sejam eles baseados no merecimento, na amizade, na apresentação de propostas ou até mesmo na simpatia.
É excelente oportunidade para refletir sobre as eleições políticas em nosso país, Estado e município e sobre como nossas escolhas afetam nossas vidas.

Atividade 3
Caça-palavras

Esta atividade auxilia:

- na identificação de palavras relacionadas ao comportamento humano;
- numa possível familiarização dessas palavras com o próprio comportamento;
- na diferenciação entre bons comportamentos e maus comportamentos.

Conteúdo:

- jogo temático de caça-palavras.

Você vai precisar de:

- uma cartolina, régua e lápis coloridos.

Procedimento:

- o professor faz, com os alunos, um quadro no qual estejam ocultas palavras que se refiram a algumas ações humanas.
- a seguir, os alunos deverão circundar com lápis colorido as palavras encontradas, tomando o cuidado de circundar com a cor azul as palavras referentes a bons comportamentos e com a cor vermelha as referentes a maus comportamentos.
- para concluir, o professor dá exemplos de pessoas que praticam as ações em destaque no quadro.

Atividade 4
Falando de ética

Esta atividade auxilia a:

- compreender termos relativos à ética e ao comportamento dos homens;
- desenvolver a leitura e a escrita;
- iniciar-se na pesquisa;
- aguçar a curiosidade e fortalecer o trabalho em equipe.

Conteúdo:

- dicionário de palavras que poderão ser incorporadas às discussões e ao aprendizado sobre ética.

Você vai precisar de:

- um caderno novo, dicionários de língua portuguesa, livros e revistas que tratem da temática ética ou de assuntos que suscitem discussões acerca do comportamento das pessoas.

Procedimento:

- o professor organiza os alunos em duplas; em seguida, divide as letras do alfabeto pelo número de duplas e faz o sorteio das letras.
- cada dupla será responsável por algumas letras do alfabeto. Por exemplo: a primeira dupla ficará com as letras C, F, G e H (caso o resultado da divisão seja quatro). Segue o sorteio de acordo com o número de letras.
- com o auxílio dos dicionários, livros e revistas, os alunos deverão montar um dicionário.
- ao final da seleção das palavras e da construção das respectivas definições, o professor auxilia os alunos na organização das palavras em ordem alfabética e escreve com seus alunos, no caderno novo destinado para esse fim, o dicionário a ser utilizado por todos durante o período letivo.

O sorteio das letras faz que a escolha seja aleatória, não facilitando nem dificultando para nenhum grupo em especial.

Apresento, a seguir, um exemplo de dicionário de palavras passíveis de ser incorporadas ao ensino e à discussão de comportamentos éticos ou antiéticos com todas as letras do alfabeto da língua portuguesa, sugestão que poderá servir de incentivo à elaboração do dicionário de ética de sua classe.

A intenção é criar um vocabulário de palavras que possam ser utilizadas para o estudo, a análise e a discussão do comportamento dos homens.
Não se trata de formular nenhum dicionário científico de ética.
Tal atividade propõe-se auxiliar na introdução do tema transversal Ética no contexto dos alunos e incentivar sua reflexão.

A – Acolher: dar agasalho ou acolhimento; hospedar, atender, receber; tomar em consideração.
Aflição: agonia; mágoa, tristeza, dor; ansiedade, preocupação.

B – Bajular: lisonjear; adular servilmente.
Balela: notícia ou dito sem fundamento.

C – Cabeça-dura: pessoa estúpida, pouco inteligente; pessoa teimosa.
Camorra: associação de malfeitores.

D – Descrédito: falta de crédito; má fama, ou desonra, por mau procedimento.
Desgovernar: governar mal; desviar do bom caminho.

E – Educar: promover o desenvolvimento da capacidade intelectual, moral e física de (alguém) ou de si mesmo.
Egoísmo: amor excessivo ao bem próprio, sem consideração aos interesses alheios.

F – Fábula: narração alegórica, cujas personagens são, em regra, animais, e que encerra uma lição moral.

Fanático: que se julga inspirado por uma divindade; que adere cegamente a doutrina ou partido.

G – Gnose: conhecimento, sabedoria.
Glória: fama obtida por ações extraordinárias, grandes serviços à humanidade.

H – Humildade: virtude que nos dá o sentimento de nossa fraqueza; modéstia.
Honra: consideração à virtude, ao talento, à coragem, à santidade, às boas ações ou às qualidades de alguém.

I – Ilusão: engano dos sentidos ou da mente, que faz tomar uma coisa por outra; sonho, devaneio.
Índole: temperamento; feitio, modo, caráter.

J – Julgar: decidir como juiz ou árbitro; sentenciar.
Justiça: a virtude de dar a cada um aquilo que é seu; a faculdade de julgar segundo o direito e melhor consciência.

L – Ladrão: aquele que furta ou rouba; gatuno, larápio.

Liberdade: faculdade de cada um se decidir ou agir segundo a própria determinação; estado ou condição de homem livre.

M – Malcriado: descortês, indelicado, mal-educado.
Medo: sentimento de viva inquietação ante a noção de perigo real ou imaginário, de ameaça; pavor, temor.

N – Negligência: desleixo, indolência.
Neutro: que não toma partido nem a favor nem contra; indefinido, indistinto.

O – Obscurecer: tornar obscuro; perturbar, confundir.
Ofensa: injúria, ultraje; desconsideração, desacato.

P – Pacificar: restituir a paz, tranquilizar.
Peculato: delito de funcionário público que se apropria de valor ou qualquer outro bem móvel em proveito próprio ou alheio.

Q – Qualidade: propriedade, atributo ou condição das coisas ou das pessoas que as distingue das outras e lhes determina a natureza; superioridade, excelência de alguém ou de algo.
Queixar-se: manifestar dor ou pesar, lamentar-se, lastimar-se.

R – Raciocinar: fazer raciocínio; pensar, refletir, considerar.
Reclamar: manifestar oposição, contrariedade, discordância, com explicações ou protestos.

S – Sábio: que sabe muito; que encerra sabedoria; sensato, homem erudito.
Sabotar: danificar propositadamente; prejudicar.

T – Terrorismo: modo de coagir, combater ou ameaçar pelo uso sistemático do terror.
Tolerante: que desculpa; indulgente; que admite e respeita opiniões contrárias à sua.

U – Ultrajar: ofender a dignidade de outro; injuriar; ofender os preceitos de outro.
Usurpar: apossar-se à força ou por fraude; exercer indevidamente; tomar à força.

V – Valentia: coragem, audácia; valor; força, energia; proeza, façanha.
Vergonha: desonra, opróbrio; sentimento penoso de desonra ou humilhação perante outrem; vexame, afronta.

X – Xenofobia: aversão a pessoas e coisas estrangeiras.
Xingar: dirigir ou dizer insultos ou palavras afrontosas.

Z – Zelo: dedicação, desvelo, por alguém ou por algo.
Zombaria: manifestação malévola, irônica ou maliciosa, por meio de risos, palavras ou gestos, com que se ridiculariza ou expõe ao desdém uma pessoa, instituição ou atitude.

Atividade 5
O presente misterioso

Esta atividade auxilia:

• no exercício da solidariedade e da empatia;
• no estímulo à bondade e na reflexão sobre a condição humana.

Conteúdo:

• a quem dar o presente?

Você vai precisar de:

• um presente e caderno para anotações.

Procedimento:

• chegando à classe, o professor diz que trouxe um presente e que todos juntos deverão decidir a quem vão dá-lo. Mas os alunos ainda não devem saber qual é o presente.
• em pequenos grupos, os alunos reúnem-se e tentam imaginar primeiro qual é o presente. Anotam em seus cadernos três suposições.
• baseados nessas suposições, cada grupo decide a quem dará o presente. Em seguida, todos apresentam suas anotações à classe.
• ao considerar o que cada grupo decidiu, o professor, pautado nos princípios de bom senso e cooperação, define com a turma a quem deverão entregar o presente (o favorecido poderá ser alguma instituição, meninos de rua, crianças carentes, entre outros).
• o presente – que, na verdade, pode ser qualquer uma das coisas citadas pelos alunos – será entregue, em data oportuna, ao destinatário escolhido.

No momento de os alunos dizerem quais presentes eles imaginaram que o professor trouxe, poderão aparecer brinquedos, roupas, doces, alimentos etc. No segundo momento, o de decidir a quem darão os presentes, os alunos poderão reconhecer as necessidades alheias e exercitar a bondade e a solidariedade.

Atividade 6
Ética e estética

Esta atividade auxilia o aluno a:

• estabelecer um contato mais próximo com a expressão artística;
• instaurar uma relação de delicadeza com a vida;
• valorizar a arte e compreender sua relação com a natureza humana.

Conteúdo:

• apreciando a arte.

Você vai precisar de:

• livros variados de arte ou fotografias e gravuras recortadas de jornais e revistas.

Procedimento:

• em sala de aula, professor e alunos deverão formar um grande círculo.
• o professor entrega a cada aluno um livro de arte e pede que escolham uma pintura, escultura ou outra forma apresentada.
• cada aluno, ao escolher a obra, deverá fazer uma pesquisa na biblioteca sobre quem foi o artista que a produziu, suas outras obras e em que momento histórico ele viveu.
• ao final, todos apresentam seus trabalhos e o professor aproveita o momento para fazer uma explanação sobre a importância da arte na vida das pessoas – de que forma a arte pode contribuir para a melhor percepção de ideias e pensamentos.
• a riqueza dessa atividade repousa na possibilidade de compreensão do momento de criação da obra; na percepção de que toda obra artística foi produzida com base num momento histórico da vida pessoal do artista ou da sociedade e cultura em que ele viveu.
• para finalizar, o professor sugere que cada aluno desenhe algo que represente sua vida atual.

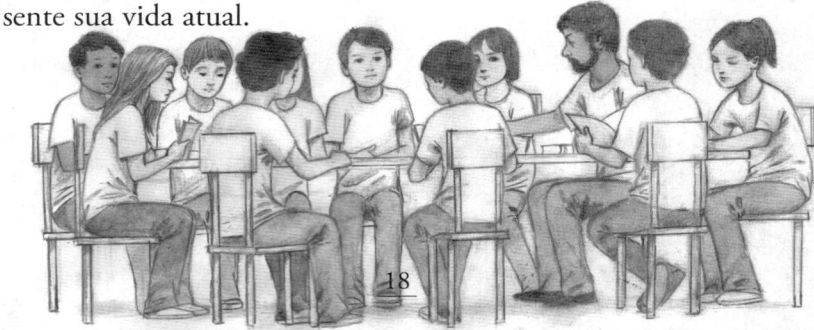

Atividade 7
Frases construtivas

Esta atividade auxilia o aluno a:
- construir uma imagem positiva das ações humanas;
- assumir posições conforme seu próprio juízo de valores;
- praticar a leitura e a escrita como formas de manifestação de suas opiniões.

Conteúdo:
- cartaz de atitudes positivas.

Você vai precisar de:
- cartolinas, canetas coloridas, tesouras e cola;
- revistas e jornais.

Procedimento:
- os alunos, em duplas, deverão recortar palavras das revistas e jornais e formar frases ou orações que tenham relação com as atitudes das pessoas.
- cada dupla deverá escrever na cartolina a frase ou oração e redigir abaixo dela um texto que exprima seu entendimento sobre a frase ou oração construída.
- em seguida, o grupo todo se reúne e cada dupla apresenta seu cartaz e lê sua redação. Poderão, também, criar uma história baseada na frase e fazer desenhos que a representem.
- o professor poderá, assim, além de incrementar as aulas de Língua Portuguesa, falar sobre a importância das ações humanas para a boa convivência entre os homens.
- para que a atividade surta um efeito mais amplo, os cartazes poderão ser expostos em lugar adequado para a visitação e leitura de todos os alunos e profissionais da escola.

  Exemplos de frases:
  "Quem tem amigos tem um tesouro."
  "Uma atitude vale mais do que mil palavras."
  "Não faça aos outros aquilo que você não gostaria que lhe fizessem."

Atividade 8
Os balões amigos

Esta atividade auxilia:
- na adoção de atitudes de amabilidade e delicadeza com os amigos;
- na socialização de sentimentos e pensamentos;
- no desenvolvimento do hábito da doação e da socialização;
- no exercício e no movimento físico saudável.

Conteúdo:
- o jogo da bola de ar.

> Essa atividade deverá ser desenvolvida na quadra de esportes ou em área destinada à prática de atividades físicas.

Você vai precisar de:
- bexigas de várias cores, canetas coloridas, pedaços de papel e fita adesiva.

Procedimento:
- cada aluno escolhe uma bexiga colorida e enche-a de ar, amarrando-a em seguida. Depois, com a caneta, escreve seu nome em um pequeno pedaço de papel e cola-o no balão com a fita adesiva.
- todos, ao mesmo tempo, deverão jogar os balões para cima, misturando-os. Deverão tomar o cuidado de não deixá-los estourar. Caso algum balão estoure ou se perca o nome do dono do balão, o professor deverá ter bexigas extras para que todos os alunos participem da atividade.
- após 15 minutos de movimento dos balões, cada aluno pega aleatoriamente um balão e lê o nome nele escrito.
- em seguida, localiza o dono do balão e devolve-o, dizendo uma frase amável ao colega e finalizando com um abraço.

Atividade 9
Extra! Extra!

Esta atividade auxilia:

- a perceber a diferença entre uma boa e uma má notícia;
- a refletir sobre as ações praticadas pelas pessoas;
- a valorizar as boas ações;
- a praticar a leitura e a escrita;
- no exercício de análise e observação;
- na socialização e no trabalho cooperativo.

Conteúdo:

- notícias de jornal.

Você vai precisar de:

- jornais de publicação recente, tesoura, cola, papel sulfite e canetas ou lápis.

Procedimento:

- em pequenos grupos, os alunos folheiam páginas de jornal em busca de notícias. Escolhem determinada notícia e recortam-na. Colam-na na folha sulfite e, no verso, redigem um texto de comentário à notícia.
- os comentários poderão ser elogiosos ou de repúdio.
- o professor observa o trabalho dos alunos e, ao final, todos leem suas notícias e os respectivos comentários.
- o professor poderá separar uma pasta para guardar essa atividade e repeti-la com regularidade, fortalecendo assim o hábito da leitura crítica e da escrita analítica por parte dos alunos.

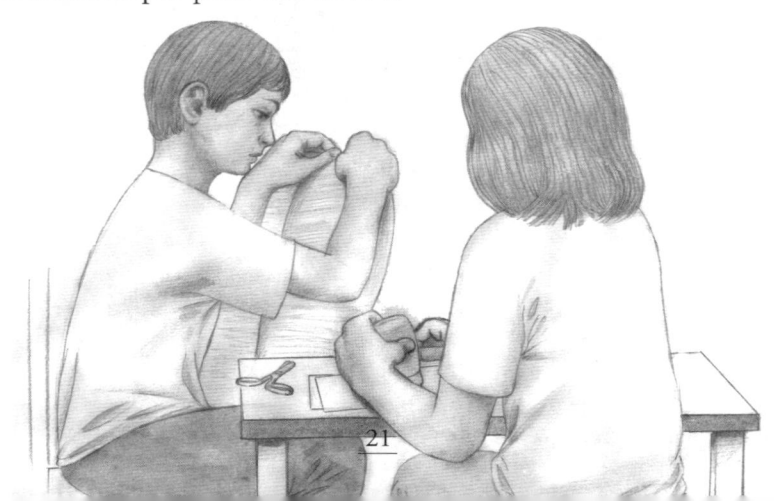

Atividade **10**

"A história do dilema" ou "o dilema da história"

Esta atividade auxilia:

- a ativar a imaginação, a empatia e a alteridade;
- a desenvolver o hábito da reflexão e do pensamento;
- a formar atitudes que incentivem a busca de soluções para os problemas apresentados;
- na comunicação, na socialização e no trabalho cooperativo.

Conteúdo:

- construção de texto.

Você vai precisar de:

- espaço físico onde possam todos ficar em roda;
- cadernos e lápis ou canetas para anotar a história.

Procedimento:

- todos em roda, o professor propõe aos alunos a criação de uma história com personagens que enfrentam um dilema. O próprio professor inicia a história com uma frase ou oração.

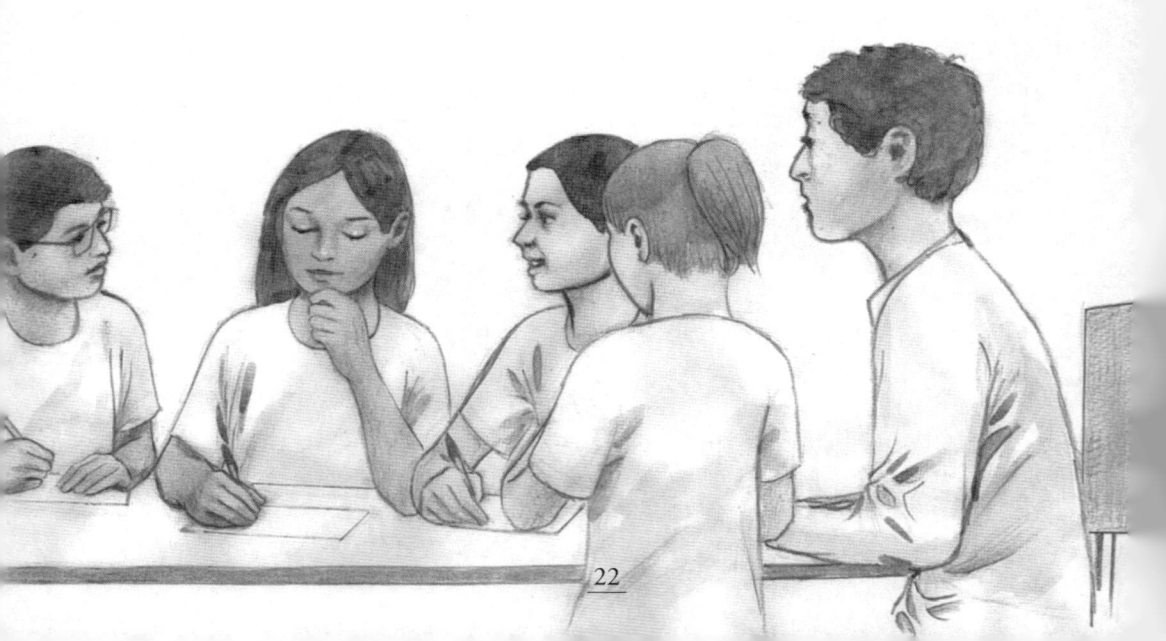

- em seguida, um aluno deverá criar uma frase ou oração que represente uma continuidade à frase do professor e assim sucessivamente, até todos os alunos contribuírem com suas ideias e construírem um texto.
- o professor faz com que haja coesão e coerência no texto e anota a história num caderno.
- ao final, todos leem e discutem o desfecho da história, cada qual oferecendo sua opinião e fazendo a análise das atitudes das personagens.

O conteúdo da história só será conhecido no momento de sua criação; portanto, para o professor obter sucesso nessa atividade, deverá estar preparado para, ao iniciar a história, inserir dados que suscitem o desenrolar de questões que atendam aos objetivos da atividade. Esses dados devem referir-se a dilemas a que as pessoas estão sujeitas em suas vidas e que tenham estreita relação com atitudes éticas.

SUGESTÕES DE HISTÓRIAS, PARA QUE OS ALUNOS LHES DEEM CONTINUIDADE

1) Era uma vez uma família muito pobre: o pai trabalhava mais de 12 horas por dia e a mãe fazia pequenos trabalhos domésticos para compor a renda familiar. Eles tinham quatro filhos pequenos. Todos estudavam. Um dia, o filho mais velho, de 14 anos, decidiu trabalhar também. Só que o trabalho que ele conseguiu tomava muitas horas de seu dia, o que o impedia de frequentar com qualidade suas aulas. Uma de suas professoras sugeriu que ele somente estudasse, para então, quando tivesse uma idade apropriada, arranjar um bom emprego. O menino não sabia o que fazer: se continuava os estudos ou se trabalhava para ajudar a família (...).

2) Maria era uma menina muito esforçada. Estudava pela manhã e à tarde fazia curso de inglês. Sempre ajudava a mãe nas tarefas domésticas. Ocorre que ela não tinha pai nem irmãos e às vezes ficava em dúvida sobre qual era a melhor decisão a tomar. Não se sentia à vontade para perguntar algumas coisas à sua mãe. Um dia, sua melhor amiga pediu-lhe segredo sobre uma história. A amiga havia furtado da carteira do pai uma pequena soma em dinheiro. O pai já havia dado falta e culpou a esposa, mãe da amiga. Esta não sabia se deveria contar ou não a verdade e disse que tinha medo. Maria, tentando ajudar, aconselhou-a (...).

As sugestões acima servem somente para iniciar a história; o desenvolvimento e o desfecho deverão ser criados pelos alunos.

O professor poderá valer-se de histórias que levem os alunos a ter de tomar algumas decisões com base em condutas adequadas que visem ao bem-estar de todos.

Atividade 11
A frase do mês

Esta atividade auxilia o aluno a:
• valorizar as boas ideias e os bons pensamentos;
• respeitar o ponto de vista dos outros;
• adotar atitudes de bom-senso.

Conteúdo:
• bons pensamentos promovem boas ações.

Você vai precisar de:
• cartolina, canetas/lápis coloridos.

Procedimento:
• o professor prepara, com antecedência, uma série de frases, escritas em fichas de cartolina (10 cm x 10 cm). Sugere-se que sejam frases de efeito referentes a situações, ações, atitudes, pensamentos e ideias que envolvam as pessoas e suas relações com o mundo e com a vida.
• as fichas deverão ser colocadas em um recipiente fechado (pode ser uma caixa ou um saco de pano). Em seguida, o professor pede a um aluno que retire uma ficha e a leia em voz alta. Repete-se tal procedimento até a última ficha, com a leitura de todos os alunos.

• o professor deverá anotar na lousa todas as frases.
• cada aluno deverá anotar em seu caderno uma frase de que tenha gostado e lhe tenha chamado a atenção.
• a frase escolhida será aquela que mais alunos anotaram. Com base nela, todos deverão participar da criação de um cartaz, que deverá ser exposto na sala como: "A frase do mês".

"A frase do mês" pode adequar-se ao programa do professor e ser transformada em:
"A frase da semana", "a frase do dia", "a frase do ano" etc.

SUGESTÕES DE FRASES
QUE PODEM SER UTILIZADAS PELO PROFESSOR

- *"O atilado pergunta a si mesmo a causa dos seus erros; o tolo pergunta aos outros"*
(Confúcio).

- *"Quem não quer ser aconselhado não pode ser ajudado"*
(Benjamin Franklin).

- *"Quem canta seus males espanta"*
(Miguel de Cervantes em Dom Quixote).

- *"Estudo sem pensamento é trabalho perdido; pensamento sem estudo é perigoso"*
(Confúcio).

- *"O futuro não é o que se teme, é o que se ousa"*
(Carlos Lacerda).

- *"Nossa inveja dura mais tempo do que a felicidade daqueles que invejamos"*
(La Rochefoucauld).

- *"Lamentar uma dor passada, no presente, é criar outra dor e sofrer novamente"*
(Shakespeare em Otelo, ato 1).

- *"A leitura é para a mente o que o exercício é para o corpo"*
(Richard Steele).

- *"Há pessoas que transformam o sol numa simples mancha amarela, mas há, também, aquelas que fazem de uma simples mancha amarela o próprio sol"*
(Pablo Picasso).

- *"Quem mata o tempo não é um assassino: é um suicida"*
(Millôr Fernandes).

Atividade 12
Diagrama

Esta atividade auxilia a:

• exercitar o raciocínio e enriquecer o vocabulário;
• conscientizar-se da responsabilidade do ser humano pela manutenção da vida digna e saudável em sociedade;
• valorizar as atitudes corretas.

Conteúdo:

• homem e sociedade.

Você vai precisar de:

• uma cartolina, régua e canetas.

Procedimento:

• o professor, em conjunto com os alunos, elabora um diagrama com palavras que digam respeito às atitudes dos homens em sociedade.
• nas linhas horizontais deverão ser postas palavras referentes a atitudes corretas dos seres humanos.
• na diagonal, em destaque, aparecerá a palavra que revela a possibilidade de as pessoas tornarem nossa sociedade mais justa e digna de ser compartilhada.

Exemplo de diagrama

1. Cuidado
2. Respeito
3. Educação
4. Dignidade
5. Igualdade
6. Preservação
7. Consciência
8. Tolerância
9. Responsabilidade

		1.	C	U	I	D	A	D	O				
	2.	R	E	S	P	E	I	T	O				
			3.	E	D	U	C	A	Ç	Ã	O		
	4.	D	I	G	N	I	D	A	D	E			
		5.	I	G	U	A	L	D	A	D	E		
	6.	P	R	E	S	E	R	V	A	Ç	Ã	O	
		7.	C	O	N	S	C	I	Ê	N	C	I	A
		8.	T	O	L	E	R	Â	N	C	I	A	
9.	R	E	S	P	O	N	S	A	B	I	L	I	D	A	D	E

Atividade 13
Palavra enigmática

Esta atividade auxilia:

• na coordenação motora;
• na introdução de palavras temáticas e sua familiarização;
• na reflexão filosófica a respeito de questões éticas.

Conteúdo:

• desvendar a palavra.

Você vai precisar de:

• lápis e papel.

Procedimento:

• o professor monta um enigma com uma palavra relacionada ao comportamento humano, indicativa da possibilidade de formação de responsabilidade e cidadania, e propõe aos alunos descobri-la.
• aproveita esse momento da atividade para explicar o que é responsabilidade e cidadania.
• no final, ao descortinarem a resposta, dá exemplos de autonomia e de situações nas quais podemos exercitá-la.

Exemplo:

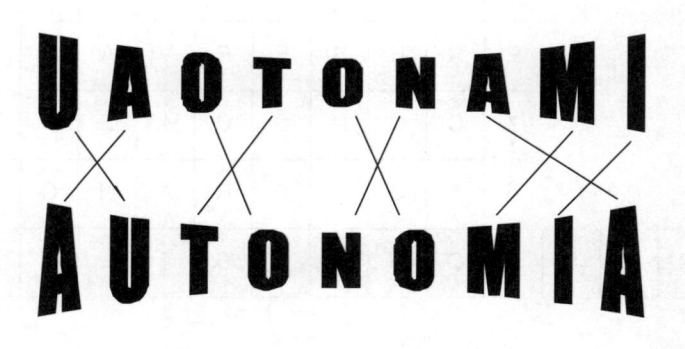

Atividade 14
"Velha história"

Esta atividade auxilia o aluno a:

- compreender que cuidar dos amigos é, também, cuidar de si próprio;
- valorizar as amizades e exercitar a empatia;
- compreender que as próprias decisões podem afetar a vida de outras pessoas.

Conteúdo:

- Curta-metragem *Velha história.*

Procedimento:

- exibir o curta-metragem *Velha história.*
- após a exibição, o professor abre uma roda de discussão, na qual os alunos deverão dizer o que acharam da história e, também, o que sentiram no final do filme.
- em seguida, todos deverão fazer uma lista de amigos e pensar em como procuram proporcionar-lhes bem-estar.
- o professor poderá dissertar sobre a importância da amizade, sobre o que fazemos para o bem-estar de nossos amigos e, também, sobre como nos sentimos felizes ao sermos bem tratados por eles.
- uma questão central deverá ser levantada pelo professor: como nossas decisões e ações podem afetar a vida dos outros e nossa própria vida.

> VELHA HISTÓRIA. Animação de Claudia Jouvin. [s.l.]: Petrobrás: Inep/MEC. 2004. 1 DVD (6 min). Curta na Escola. v. 1.
> Baseado no poema de Mário Quintana em que, na beira de um rio, um homem pega um peixe especial, por quem se afeiçoa. Os dois desenvolvem linda amizade, admirada por todos na cidade.

*"É uma questão de disciplina,
me disse mais tarde o principezinho.
Quando a gente acaba a* toilette *de manhã,
começa a fazer com cuidado
a* toilette *do planeta."*

(Saint-Exupéry)

MEIO AMBIENTE

Ao tratar do tema Meio Ambiente, é mister considerá-lo como todo e qualquer espaço de ação humana. Assim, pode-se falar em ambiente natural, ambiente social e ambiente cultural. Entende-se ambiente natural como aquele criado pela natureza, ambiente social como o criado pelos homens e ambiente cultural como o edificado e sedimentado pelas ações humanas.

O tráfego do ser humano pelo mundo realiza-se por meio de suas ações. Pensar em ações ecologicamente corretas é pensar em ações causais, e não em ações casuais. Isso significa dizer que toda e qualquer atitude e todo e qualquer movimento humano provocam reações e são iniciados por movimentos intencionais. As atividades relacionadas ao meio ambiente apresentadas neste livro pretendem adequar esses movimentos de maneira que equilibre as relações entre o homem e a natureza.

As atividades de 15 a 27 referem-se ao tema transversal Meio Ambiente.

Atividade 15
Horta

Esta atividade auxilia:
- no reconhecimento e na valorização da natureza por meio da criação e manutenção de uma horta;
- no fortalecimento de uma relação de delicadeza com o mundo natural;
- na socialização e na tomada de responsabilidade.

Conteúdo:
- Vamos fazer uma horta?

Você vai precisar de:
- local com pequena extensão de terra, sementes, adubo, pequenas pás, ancinhos e regador.

Procedimento:
- na própria escola, o professor determina um local apropriado para fazer a horta. Leva os alunos e começa a tratar a terra com adubo. Em seguida lança as sementes na terra.
- faz uma visita diária para que os alunos joguem água na terra e acompanhem o desenvolvimento das sementes.
- ao ver brotar as primeiras verduras, aproveita a oportunidade para falar sobre a importância da horta para a vida.
- quando as verduras estiverem prontas para a colheita, professor e alunos retiram-nas, podendo promover um lanche comunitário com o fruto da horta.

Atividade 16
Profissionais da natureza

Esta atividade auxilia:

- no conhecimento dos problemas ambientais e de suas possíveis soluções;
- na iniciação à pesquisa;
- na valorização de profissões que lidam (direta ou indiretamente) com o meio ambiente e a natureza.

Conteúdo:

- pesquisa.

Você vai precisar de:

- biblioteca, caderno e caneta ou lápis.

Procedimento:

- os alunos deverão pesquisar profissões direta e indiretamente relacionadas à natureza e ao meio ambiente.
- em seguida, cada aluno deverá elaborar uma redação na qual fale sobre a importância da profissão pesquisada. De que maneira o profissional pode colaborar para a melhoria da vida e do meio ambiente? Que atitudes ele pode ter para preservar melhor nosso planeta e nossa vida?

Sugestões de profissões:

- lixeiro;
- gari;
- jardineiro;
- guarda florestal;
- faxineiro;
- cozinheiro;
- floricultor;
- agricultor;
- jornalista;
- político;
- artista;
- professor.

Minha casa e minha cidade

MEIO AMBIENTE

Esta atividade auxilia:

- no estabelecimento de relações de cuidado entre nossa casa e nossa cidade;
- na manutenção da beleza do lugar onde vivemos;
- no reconhecimento de que a cidade é uma extensão de nossa casa e por isso devemos cuidar de ambas;
- na conscientização sobre a necessidade de viver em lugares agradáveis e bem cuidados.

Conteúdo:

- cuidando de nossa casa e de nossa cidade.

Você vai precisar de:

- cadernos e lápis ou canetas.

> Com a reflexão proposta nesta atividade, os alunos podem perceber que suas ações relacionadas ao descarte de lixo em casa podem ser exemplo para atitudes fora de casa.

Procedimento:

- o professor inicia sua aula perguntando aos alunos o que eles costumam jogar fora em suas casas e onde depositam o lixo. Por exemplo: papel higiênico usado vai para a lixeira do banheiro, restos de alimentos são recolhidos e colocados no lixo etc.
- depois pergunta aos alunos como eles descartam o lixo fora de suas casas. Por exemplo: chicletes, papéis de bala, embalagens vazias de alimentos consumidos nos passeios, latas de refrigerantes etc.
- após as respostas, organiza dois grupos, um que represente a casa e outro que represente a cidade. Em seguida, todos deverão apresentar sugestões para que a cidade fique mais limpa e bonita.

Atividade 18
Passeio no zoológico

Esta atividade auxilia o aluno a:
- familiarizar-se com a vida animal;
- iniciar-se na pesquisa;
- reconhecer a necessidade de tratar bem dos animais para o equilíbrio da natureza.

Conteúdo:
- o cuidado com os animais.

Você vai precisar de:
- tempo para visita ao zoológico, cadernos e lápis ou canetas.

Procedimento:
- o professor organiza uma visita ao zoológico.
- os alunos deverão registrar em seus cadernos o nome de todos os animais que conhecerem.
- de volta à escola, fazem uma pesquisa na biblioteca para saberem mais sobre esses animais e suas características.
- fazem uma redação sobre a necessidade de cuidar bem dos animais.
- trata-se de excelente oportunidade para o professor falar sobre os animais em risco de extinção.

> A atividade poderá ser enriquecida com a apresentação de filmes que retratem a vida animal. Os alunos vão ao zoológico, veem os animais, depois assistem ao filme e, por fim, fazem pesquisas sobre os animais e elaboram redações sobre a necessidade e a importância de cuidar bem deles.

Atividade 19
O livro da natureza

Esta atividade auxilia:
- na pesquisa e no interesse pela natureza;
- no trabalho cooperativo e na socialização;
- no aprendizado sobre os elementos da natureza.

Conteúdo:
- árvores, plantas, flores e animais.

Você vai precisar de:
- papel almaço (várias folhas), cartolina, canetas e lápis coloridos, revistas, livros para pesquisa, cola e tesoura.

Procedimento:
- o professor divide a classe em quatro grupos: Árvores, Plantas, Flores e Animais.
- cada grupo deverá escolher 20 espécies. Por exemplo, no primeiro grupo, os alunos falarão sobre árvores e, portanto, deverão escolher 20 árvores; no segundo, falarão sobre plantas e deverão escolher 20 plantas; no terceiro, falarão sobre flores e deverão escolher 20 flores; no quarto grupo, falarão sobre animais e deverão escolher 20 animais. Em seguida, cada grupo deverá reunir imagens (em revistas ou desenhando-as) e informações (em livros e revistas) sobre as espécies.
- o trabalho deverá ser feito em papel almaço com colagens ou desenhos e textos.
- ao término, o professor junta os quatro trabalhos sob uma capa dura (que pode ser de cartolina) e expõe o livro a toda a classe.

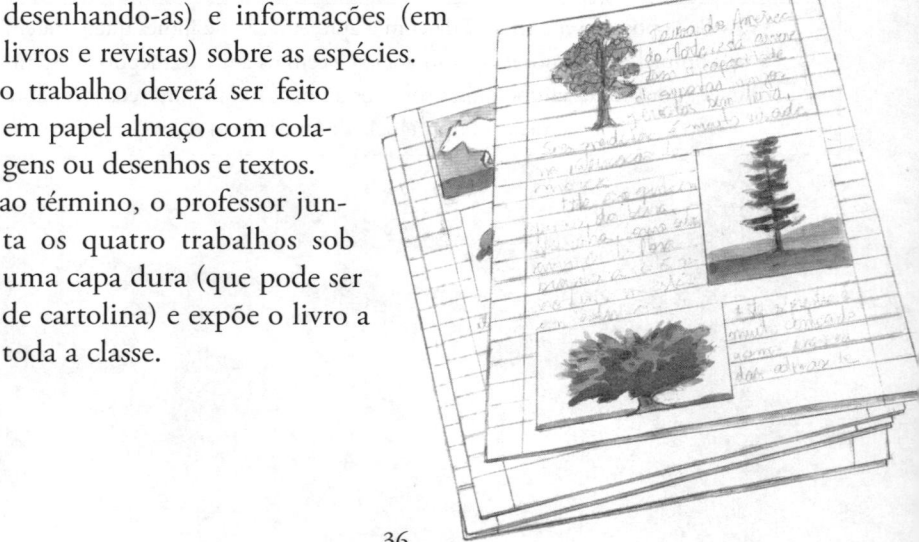

Atividade 20
Homem ou natureza?

Esta atividade auxilia a:
- diferenciar as obras humanas das obras da natureza;
- valorizar e respeitar a natureza;
- reconhecer as construções humanas;
- perceber a harmonização entre as ações humanas e a natureza.

Conteúdo:
- um passeio pela escola.

Você vai precisar de:
- cadernos e lápis ou canetas.

Procedimento:
- passear pela escola com os alunos.
- identificar o que faz parte da natureza (árvores, pássaros, terra, plantas, flores, insetos, entre outros).
- identificar o que é parte do acervo construído pelos homens (prédio da escola, sala de aula, cantina, quadra, biblioteca etc.).
- registrar, no caderno, as obras da natureza e as obras feitas pelos homens.
- de volta à classe, o professor promove uma discussão, na qual os alunos podem expor suas observações e avaliar a importância de todas as obras.

Esta atividade poderá estender-se para além dos muros da escola, como numa visita a um parque ou museu. Sua importância reside na capacidade de possibilitar o reconhecimento da intervenção do ser humano na natureza e avaliá-la.

MEIO AMBIENTE

Coleta seletiva de lixo

Esta atividade auxilia o aluno:
- a disciplinar a forma de descarte do lixo;
- na separação inteligente do lixo;
- no reaproveitamento de material descartável;
- no respeito à natureza.

Conteúdo:
- vamos separar nosso lixo?

Você vai precisar de:
- quatro latas de lixo com tampas.

Procedimento:
- para incentivar a coleta seletiva de lixo, o professor providencia quatro latas de lixo. Cada uma delas será o recipiente adequado para o descarte de determinado tipo de lixo.
- poderá haver uma reservada para que sejam descartados lixos orgânicos, como papel, cascas de frutas, restos de lanche etc.
- outra lata poderá ser adequada para o descarte de latas de refrigerante.
- outra poderá ser usada para receber material inorgânico (plástico, por exemplo).
- a quarta lata poderá ser o recipiente adequado para receber vidros.

> Quando as latas de lixo de material reaproveitável estiverem cheias, o professor pede à direção da escola que entre em contato com uma empresa de reciclagem de lixo e providencie a venda do material descartado, que poderá reverter em benefício da instituição escolar.

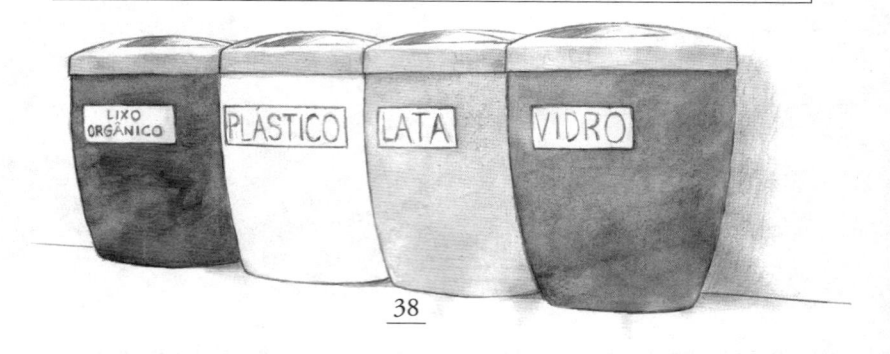

Atividade 22
Campanha: Vamos cuidar de nossa escola?

Esta atividade auxilia:

• na prática de atitudes corretas e responsáveis com relação ao meio ambiente;
• no respeito ao espaço escolar;
• no desenvolvimento da escrita;
• na percepção da importância de um ambiente limpo para uma vida saudável;
• no exercício da cidadania.

Conteúdo:

• ambiente escolar limpo.

Você vai precisar de:

• cartolinas, canetas coloridas, lápis de cor, giz de cera e réguas.

Procedimento:

• o professor lança a ideia de uma campanha para manter a escola mais limpa e bonita.
• os alunos, em grupos, elaboram cartazes que incentivem atitudes de cuidado e limpeza no ambiente escolar.
• no final, professor e alunos afixam os cartazes por toda a escola. No decurso de uma semana, observam se houve alguma alteração que represente melhoria do ambiente escolar.

Alguns títulos para desenvolver os cartazes:

• jogar lixo no lixo;
• cuidados com os materiais escolares;
• delicadeza com as plantas, árvores e grama da escola;
• respeito aos limites do espaço;
• consumo adequado de alimentos etc.

MEIO AMBIENTE

Aprendendo com histórias

MEIO AMBIENTE

Esta atividade auxilia o aluno a:

• praticar a tolerância;
• respeitar os animais;
• saber quando falar e quando ouvir;
• pôr-se no lugar do outro.

Conteúdo:

• leitura do livro *Um pequeno caso de amor.*

Você vai precisar de:

• espaço ao ar livre e o livro em questão.

Procedimento:

• o professor inicia a leitura do livro e, a cada página, troca de leitor, de forma que todos os alunos leiam e escutem.
• ao final da leitura, cada aluno diz como se sentiria se fosse o sagui representado na história.
• para concluir, o professor pede aos alunos que digam como agiriam se pudessem mudar a história, a fim de evitar o sofrimento do macaquinho.

UM PEQUENO
CASO DE AMOR

Macaco Simão, Macaco Simão!
quer uma banana ou café com pão?
Macaco Simão, Macaco Simão!
comeu a banana, pediu um mamão.
Macaco Simão, Macaco Simão!
você é pequeno mas é glutão.

Eu sou Simão. As crianças, que cantam assim, me deram esse nome. Mas elas desconhecem minha história...

Sou, sem dúvida alguma, o animalzinho esperto de quem elas tanto gostam. Verdade mesmo é que sou um sagui. E entre nós existem muitas espécies menores: sagui pigmeu, sagui cabeça de algodão, mico leão e outros. Somos, porém, eu e meus parentes, todos pequenos. Medimos mais ou menos uns trinta centímetros. Parecemos maiores por causa de nossa cauda, que é, quase sempre, mais longa que o corpo. Mas ela não é preênsil, isto é, não serve para segurar como as caudas de outros macacos. Agarrar-me aos galhos usando meu rabo é impossível.

Talvez pelo nosso tamanho, pela nossa leveza, encantemos bastante as crianças. Quem sabe por isso tudo os homens queiram nos prender. Ah! se eu fosse tão forte e ágil como meu primo distante, o gibão, que salta até doze metros, teria, quem sabe, conseguido escapar naquele dia, naquele triste dia...

Bem, como eu ia dizendo, os homens chamam a todos de nossa raça de macacos e ponto final. Já me acostumei. Sou então, conforme afirmei, o macaquinho mais saudável e levado que vive neste jardim zoológico.

Além de mim e de alguns parentes, moram também aqui outros animais: uma onça pintada, um tamanduá, diversas araras, papagaios. Uma infinidade de aves e outros bichos. Vivemos em paz. A minha vida, entretanto, não foi sempre assim.

Quando eu nasci, meus pais habitavam certa mata perto do rio Juruá, no Estado do Amazonas. Lá viviam muitos saguis e a natureza era encantadora. Eu passeava por todos os lugares agarrado às costas de minha mãe. Ela me dava alimento e proteção.

Meus pais me ensinaram a escolher bem os vegetais, as frutas e os insetos com que eu deveria me alimentar. Aprendi a usar meus pés e minhas mãos para agarrar-me aos galhos. Saltar de uma árvore para outra foi peripécia que logo assimilei. Recebi, ainda, lições de como me agasalhar abrigar da chuva ou do sol intenso, de como colocar-me a salvo de animais carnívoros que estivessem famintos. Aprendi tudo, ou quase tudo, de que um sagui precisa para ser feliz.

Fui crescendo, ficando independente e descobrindo os lugares mais bonitos daquela mata: os riachos, as cachoeirinhas e até o grande Rio Juruá. Fiz muitas amizades. Sempre fui um sujeito simpático. Tornei-me adulto e tudo corria às mil maravilhas. Uma vida cheia de aventuras, brincadeiras e alegrias.

Numa de minhas andanças e brincadeiras com amigos, conheci Tica. Ela era uma saguizinha adorável! Foi amor à primeira vista. Logo nos casamos. Escolhemos uma boa árvore para morar – uma árvore frondosa que nos protegia das intempéries. Todos os dias eu cuidava para que o nosso cantinho estivesse em ordem.

Gostávamos de passear, de procurar novidades, de ficar perto das flores. Aquele aroma agradável e suas cores lindas chamavam nossa atenção. Borboletas e pequenos pássaros eram diversão para nossos olhos. Como podiam ser tão rápidos, tão leves? E quando já nos sentíamos extenuados depois de tantas travessuras, procurávamos nossa casa.

Adormecíamos, então, embalados pelo barulhinho das águas correndo ali perto.

Ah! que vida boa era a nossa...

Aconteceu que Tica ficou grávida. Começamos logo a pensar mais em arrumar uma nova casa. Precisávamos de um tronco forte, com um oco, para abrigar nosso filhote. Tica engordava e eu a mimava separando para ela as melhores frutinhas. Não tinha preguiça e, muitas vezes, enquanto Tica cochilava à tarde, eu saía buscando frutas diferentes. E foi numa dessas escapadas que aconteceu o pior. Enquanto eu, longe dali, julgava estar tudo bem, Tica enfrentava uma situação terrível.

Homens e tratores surgiram derrubando tudo, tudo. Árvores tombavam, causando um enorme rebuliço na floresta. Os homens abriam uma estrada. E foi assim que, de repente, nossa casa veio abaixo.

Tica, assustada, tentou fugir, mas não conseguiu ir longe. Nosso filho estava para nascer e ela escondeu-se por entre as ramagens. Entretanto os homens, com suas foices e seus machados, vasculharam tudo e acabaram descobrindo-a. Curiosos, rodearam-na. Tica ainda tentou escapar, mas passava por momentos difíceis e tornou-se uma presa fácil. Numa gaiola improvisada, transportaram-na, em um caminhão, para bem longe dali.

Que susto levei ao chegar! Sem compreender nada, procurei por minha querida saguizinha. De nossa casa, caída no chão, restavam poucos galhos...

Uma clareira enorme abrira-se na mata.

Chamei. Gritei. Procurei por todos os lados. Nada.

Já anoitecia quando uma arara apareceu e me contou tudo que acabei de relatar a vocês. Disse-me ela que Tica fora embora chorando, mostrando a barriguinha. Levaram também outros animais pequenos e diversas aves feridas e aprisionadas. Aconselhou-me, a boa arara, que esperasse pelo dia seguinte. Talvez a tivessem levado apenas para mostrá-la a outras pessoas. Quem sabe?...

Concordei.

A noite foi longa. Choros e gemidos na mata. Outros animais haviam perdido suas casas, seus familiares. A noite foi longa... Finalmente amanheceu. Os primeiros raios do sol aqueceram meu coração e ele se encheu de esperanças. Sim! Tica logo estaria comigo. Seria trazida de volta pelos homens, eles não são maus, são apenas curiosos e gostavam de possuir tudo que é belo ou diferente, pensei, ou, quem sabe, até voltaria sozinha! Isso mesmo! Tica era espertíssima. Iria escapar e fugir. Chegaria logo ao nosso recanto. Encontraríamos outra boa árvore longe dali, bem longe. Teríamos nosso filhote e ensinaríamos a ele os segredos da natureza. Seríamos felizes novamente.

Escolhi uma árvore de copa bem grande, encolhi-me entre as ramagens e lá fiquei aguardando e imaginando o retorno de Tica.

Esperei, esperei... De repente, ruídos. Roncos estranhos. E eu ali, sozinho. Meus amigos tinham ido para algum lugar distante, mais seguro. Os ruídos foram-se aproximando. Aguardei, vigiei. E eles, os homens e suas máquinas barulhentas, foram chegando e continuando a devastação. Árvores caíam. Ninhos se espatifavam e filhotes eram colocados em gaiolas. As flores murchavam no chão e as frutas molhavam a terra com seu suco. As águas claras dos riachos iam-se tornando escuras à medida que a terra nelas se misturavam.

Saí do meu esconderijo. Vasculhei todos os cantos daquelas máquinas e nada de achar minha querida sagui. Tudo inútil. Fiquei, então, bem escondidinho, pensando: "Irei com eles e encontrarei Tica. Tenho a certeza de que voltaremos juntos".

De fato, viajei com aqueles homens, mas não como planejara. Também fui descoberto e engaiolado. Mas vim para junto de Tica, como queria.

Por sorte, fui colocado na mesma jaula que ela. E lá também estava nosso filhote! Sim, o nosso filho havia nascido e era lindo! Batizei-o logo de Babu.

Tica, entretanto, estava muito fraca e triste. A viagem e as instalações diferentes não haviam feito nada bem pra ela. Tentei reanimá-la. Disse-lhe que logo voltaríamos para casa assim que ela melhorasse. Agora eu já sabia o caminho e levá-la de volta seria fácil. Nosso saguizinho iria agarrado às minhas costas. Nada disso alegrou Tica. Nem meus pulos, nem minhas graças nem o choro de Babu chamaram sua atenção.

Ela ficara enfraquecida com o parto. Vieram, então, veterinários, os mesmos que já haviam atendido Tica. Tentaram tudo para socorrê-la. Depois levaram-na dali.

A seguir foram muito atenciosos com nosso pequeno: mamadeira, colo, higiene e muito carinho. Eu vi. Eu percebi a preocupação deles. Sou agradecido. Foi graças aos seus cuidados que meu filho sobreviveu.

Já faz tempo que estou morando aqui. Tica não voltou. Babu cresce. Ele está forte e eu também. Somos bem tratados, não posso me queixar. Mas eu não posso ensinar para meu filho os segredos da floresta. Aprendo ao lado dele os segredos deste Jardim Zoológico.

Dias atrás esqueceram a porta da jaula aberta. Vibrei! Chamei por meu filho:

– Vamos fugir? Ele olhou para mim admirado e nada entendeu. Agarrou-se à grade de ferro e de lá pulou para um arbusto, que, por sorte, há em nossa jaula. Ela é bem alta. Pôs-se a comer uma banana que alguma criança jogara para dentro desta casa tão diferente daquela na mata.

Compreendi então que este é o mundo de Babu. Ele, por hora, não saberia viver longe daqui. Teria de passar por uma adaptação. E viver longe dele seria triste demais para mim. Voltei também para a jaula. O guarda chegou todo assustado.

– Puxa! Que sorte estes macaquinhos não terem fugido! Ainda bem que cheguei a tempo de evitar a fuga. Seria uma tragédia.

TRAGÉDIA? Seria uma tragédia mesmo a gente voltar para a mata?

Penso que não. Guardo esperanças de um dia retornar para lá levando meu filho para conhecer e viver em sua verdadeira morada. E sei que esse dia chegará!

Enquanto isso não acontece, continuamos no Jardim Zoológico, brincando, recebendo visitas e aguardando um futuro feliz em que os homens conhecerão melhor e respeitarão, com certeza, os animais e toda a NATUREZA.

Referência bibliográfica:

PRADO, Zuleika de Almeida. *Um pequeno caso de amor*. Ilustrações de Júlia Bianchi. São Paulo: Cortez, 2004.

Atividade 24
Música e natureza

Esta atividade auxilia o aluno a:

• apreciar a arte musical;
• relacionar música e natureza;
• aguçar a curiosidade musical;
• respeitar o mundo natural.

Conteúdo:

• a música no ar.

Você vai precisar de:

• CDs com músicas que falem sobre a natureza e o meio ambiente;
• aparelho para tocar CDs.

Procedimento:

• o professor seleciona algumas músicas com letra ou composição relacionadas à natureza – animais, flores, plantas, planeta Terra, água, mata, floresta, sol, mar etc.

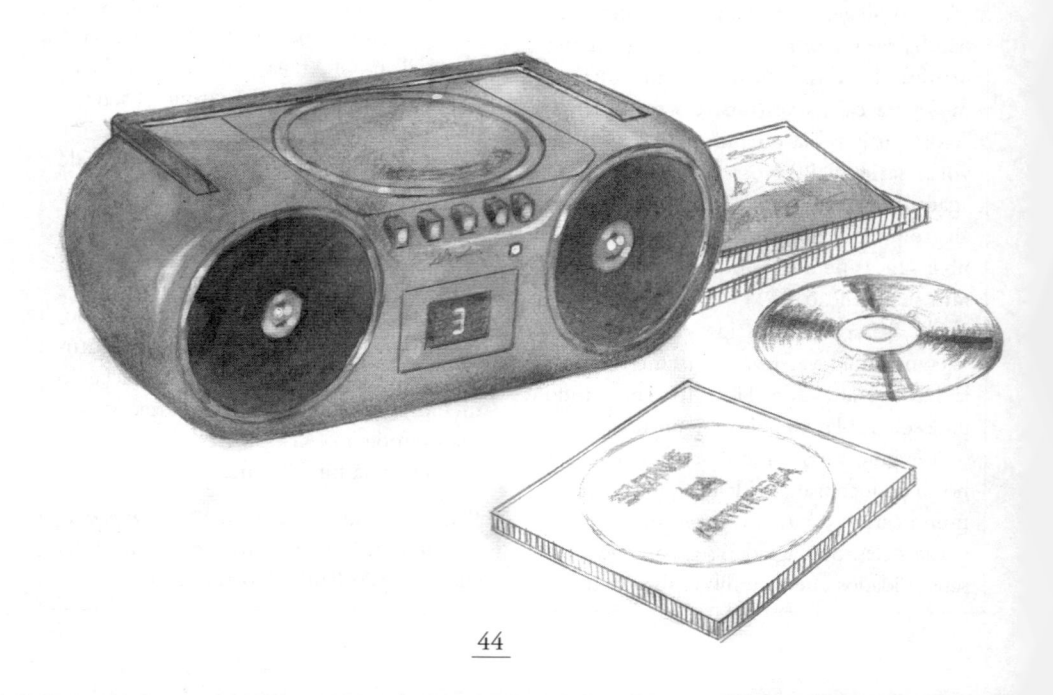

MEIO AMBIENTE

- prepara folhas de sulfite com a letra da música escolhida.
- toca o CD em sala de aula.
- pede aos alunos que, em duplas, elaborem um texto com base na música. O texto deverá explicar o que eles entenderam sobre a letra da música e, também, como sentiram a melodia.
- para finalizar, cada dupla lê seu texto e o professor tece comentários sobre a importância da arte musical como representação de sentimentos e pensamentos sobre o homem e a natureza.

> A leitura da letra da música facilita a compreensão do sentido do texto e ouvi-la provoca emoções (gostar, não gostar, dançar, cantar junto, rir, chorar, ficar alegre, ficar triste, entre outras).

SUGESTÃO DE ALGUMAS MÚSICAS QUE FALAM SOBRE NATUREZA, MEIO AMBIENTE E HOMEM

- PLANETA ÁGUA – Guilherme Arantes
- CIO DA TERRA – Milton Nascimento e Chico Buarque
- CIGARRA – Milton Nascimento e Ronaldo Bastos
- TERRA – Caetano Veloso
- AQUARELA – Toquinho
- HISTÓRIA DE PESCADORES – Dorival Caymmi
- LENDA DO PÉGASO – Moraes Moreira e Jorge Mautner
- ÁGUAS DE MARÇO – Tom Jobim
- ARRASTÃO – Edu Lobo e Vinicius de Moraes
- VARANDAS – Almir Sater e Paulo Simões
- CUITELINHO – Recolhida do folclore do Mato Grosso
- O SAL DA TERRA – Beto Guedes e Ronaldo Bastos
- CHOVENDO NA ROSEIRA – Tom Jobim
- TARDE EM ITAPOÃ – Toquinho e Vinicius de Moraes

Extinção é para sempre!

Esta atividade auxilia o aluno a:

- conscientizar-se de que a extinção, quando ocorre, é irreversível e de que ainda é possível evitar o desaparecimento das espécies em risco de extinção;
- desenvolver o hábito da pesquisa;
- conhecer os animais que podem desaparecer para sempre;
- relacionar cuidado e responsabilidade para a manutenção da vida animal.

Conteúdo:

- animais em risco de extinção.

Você vai precisar de:

- livros, revistas e jornais que mostrem os animais em risco de extinção na natureza.

MEIO AMBIENTE

Procedimento:

- o professor acompanha os alunos até a biblioteca e pede que se organizem em grupos.
- cada grupo será responsável pela pesquisa de determinada classe de animais em risco de extinção.
- os grupos podem dividir-se em: 1) Anfíbios; 2) Aves; 3) Mamíferos; 4) Répteis.
- após a pesquisa, os grupos apresentam à classe os resultados de suas pesquisas. O professor pede, então, que os alunos façam uma reflexão sobre as razões pelas quais os animais correm o risco de desaparecimento na natureza.
- para finalizar, pede que cada aluno faça uma redação na qual exponha suas sugestões para evitar a extinção desses animais.

ALGUNS ANIMAIS EM RISCO DE EXTINÇÃO

Anfíbios
- Flamenguinho;
- Perereca.

Aves
- Cardeal-amarelo;
- Jacutinga;
- Pato-mergulhão.

Mamíferos
- Ariranha;
- Baleia-azul;
- Mico-leão-de-cara-dourada;
- Mico-leão-dourado;
- Mico-leão-preto;
- Peixe-boi-marinho;
- Toninha.

Répteis
- Cágado;
- Jararaca.

Atividade **26**
Registro de bens naturais

Esta atividade auxilia:

• no aguçamento dos sentidos e da percepção;
• no contato direto com os bens naturais;
• na socialização e no trabalho cooperativo;
• na análise da qualidade de vida natural no local escolhido.

Conteúdo:

• caminhada.

Você vai precisar de:

• local com recursos naturais (pode ser a própria escola ou um parque próximo);
• cartolinas, canetas e lápis coloridos, réguas, compassos e outros materiais necessários à confecção dos cartazes.

Procedimento:

• o professor organiza uma caminhada pela escola ou por um parque.
• os alunos dividem-se em pequenos grupos.
• cada grupo deverá registrar todos os bens naturais (elementos da natureza) que encontrar, por exemplo: árvores, plantas, flores, pássaros, animais, rios, lagos etc.
• ao terminar o registro da quantidade de elementos encontrados, o grupo passa então a avaliar as condições deles naquele ambiente.
• de volta à sala de aula, os grupos transferem os registros para uma cartolina e apresentam seus comentários para a classe.

A caminhada pode ser na escola, caso se encontrem ali alguns elementos da natureza.
Do contrário, o professor escolhe algum parque ou praça onde haja a presença deles.

Manual de turismo da cidade

Esta atividade auxilia o aluno a:
- conhecer melhor sua cidade e respeitá-la;
- desenvolver o hábito da pesquisa;
- valorizar os bens naturais e culturais de sua cidade, assim como estabelecer uma relação de harmonia entre ambos.

Conteúdo:
- minha cidade.

Você vai precisar de:
- livros, revistas, jornais e publicações oficiais da prefeitura de sua cidade ou de órgãos de turismo;
- cadernos para os registros e folhas para encadernação.

Procedimento:
- o professor sugere aos alunos a elaboração de um manual de turismo da cidade.
- a classe divide-se em dois grupos: um grupo responsabiliza-se por pesquisar e apresentar os atrativos naturais da cidade (parques, rios, lagos, zoológicos, cachoeiras, praias, jardim botânico); o outro, por pesquisar e apresentar seus atrativos culturais (bibliotecas, centros culturais, cinemas, teatros, restaurantes).
- após a pesquisa, os dois grupos reúnem seus trabalhos e encadernam o material, que a partir desse momento será chamado de Manual de Turismo da Cidade e poderá compor o acervo da biblioteca da escola.

MEIO AMBIENTE

"...Tu não és nada ainda para mim
senão um garoto inteiramente
igual a cem mil outros garotos.
E eu não tenho necessidade de ti.
E tu também não tens necessidade de mim.
Não passo a teus olhos de uma raposa
igual a cem mil outras raposas.
Mas, se tu me cativas,
nós teremos necessidade um do outro.
Serás para mim único no mundo.
E eu serei para ti única no mundo..."

(Saint-Exupéry)

PLURALIDADE CULTURAL

Conforme os PCN – Parâmetros Curriculares Nacionais –, o tema transversal Pluralidade Cultural refere-se ao conhecimento e à valorização das características étnicas e culturais dos diferentes grupos sociais que convivem no território nacional, às desigualdades socioeconômicas e à crítica às relações sociais discriminatórias e excludentes que permeiam a sociedade brasileira.

A Pluralidade Cultural, como tema transversal, ganha neste livro uma amplitude de severa investigação acerca do que seja pluralidade cultural e de como agir para respeitar o outro. Questões relacionadas a preconceitos – de ordem racial, regional, cultural, sexual, de credo, de pensamentos e ideias, contra o diferente e o idoso – são apresentadas como atividades de alerta para que seja acionada a consciência dos alunos, a fim de reformular atitudes e tirar o véu que encobre os olhares para a diversidade e para as diferenças. Trata-se de atividades práticas que permitem aos alunos o exercício da alteridade, do respeito, da cidadania e da dignidade.

As atividades de 28 a 39 referem-se ao tema transversal Pluralidade Cultural.

Atividade 28
O mapa do Brasil

Esta atividade auxilia o aluno a:
- reconhecer as diferenças regionais e respeitá-las;
- valorizar as heranças culturais;
- fortalecer o espírito de igualdade e dignidade entre os colegas da classe e valorizar as diversas culturas que constroem nosso país.

Conteúdo:
- lá de onde eu venho...

Você vai precisar de:
- um mapa do Brasil de tamanho grande.

Procedimento:

- o professor afixa o mapa do Brasil na parede ou na lousa. Um aluno por vez vai até o mapa e aponta para o Estado onde nasceu. O professor escreve o nome do Estado na lousa e o aluno fala sobre o que sabe do Estado (modo de vida, forma de subsistência, culinária, clima, música, dança, cultura etc.). O professor registra na lousa os elementos levantados pelos alunos e todos copiam.
- caso algum aluno não saiba ou não se lembre de nenhuma informação, os outros alunos e o professor podem cooperar com informações que souberem.
- quando todos tiverem feito suas observações e anotações, o professor pede aos alunos que efetuem uma pesquisa sobre os Estados não mencionados, pois, ainda que não haja nenhum representante deles na sala, podemos facilmente conhecer alguém de um desses Estados.

Caso a grande maioria dos alunos seja do mesmo Estado, a atividade também pode ser desenvolvida com foco no Estado de nascimento dos pais ou avós. Se houver alunos originários de outros países, pode ser também utilizado um mapa-múndi.

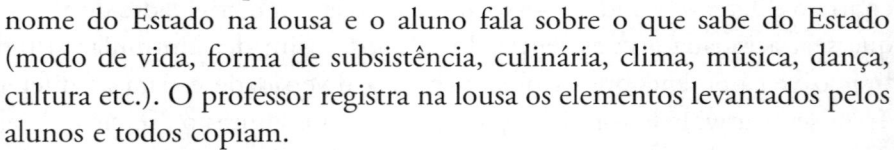

Atividade 29
Aproximando pessoas

Esta atividade auxilia:

- no respeito às pessoas, independentemente de classe social, raça ou credo;
- no bom convívio entre as pessoas;
- no exercício da cortesia e das boas maneiras;
- no reconhecimento da necessidade de tratar bem os outros.

Conteúdo:

- dramatização.

Você vai precisar de:

- espaço livre para que os alunos possam movimentar-se.

Procedimento:

- dando início à aula, o professor conversa com os alunos sobre algumas regras e formalidades usuais para o bom convívio; por exemplo, sobre o hábito de dizer "obrigado(a)", "com licença", "me desculpe", "por favor", "posso ajudar?", "como vai você?".
- em seguida, pede que os alunos, divididos em grupos, criem situações nas quais utilizem as regras e formalidades mencionadas ou mesmo as palavras acima indicadas como usuais para o bom convívio.
- cada grupo, então, terá um tempo para apresentar aos colegas sua história e/ou dramatização.

> **Algumas situações que os alunos poderão criar:**
>
> - um passeio a um local que eles ainda não conhecem;
> - a ida a uma festa;
> - o primeiro dia de aula;
> - uma viagem;
> - visita a uma pessoa adoentada;
> - visita a parentes ou amigos;
> - compras em lojas;
> - ida a parques de diversão etc.

PLURALIDADE CULTURAL

Histórias folclóricas

Esta atividade auxilia o aluno a:
- conhecer histórias folclóricas de diferentes regiões;
- respeitar as tradições regionais, o imaginário popular e a diversidade;
- familiarizar-se com as diferenças culturais e suas manifestações.

Conteúdo:
- o folclore brasileiro.

Você vai precisar de:
- livros de histórias do folclore brasileiro, cartolinas, canetas e lápis coloridos, recortes de revistas, cola e tesoura.

Procedimento:
- no momento de contar histórias, é sempre oportuno buscar um local aprazível na própria escola.

PLURALIDADE CULTURAL

- o professor seleciona uma história do folclore brasileiro e conta-a aos alunos, que ao término poderão fazer comentários sobre os aspectos interessantes da narrativa.
- os alunos, organizados em duplas ou em pequenos grupos, encaminham-se para a biblioteca e fazem uma pesquisa sobre a região onde nasceu a história ouvida. Cada dupla ou pequeno grupo pesquisa um aspecto da tradição cultural da região.
- alguns itens que podem ser objeto de pesquisa: comidas típicas; danças típicas; músicas típicas; superstições; provérbios; adivinhações; costumes; lendas; crendices; artesanato; medicina popular; outras histórias; brincadeiras; festas típicas.
- os grupos ou duplas registram em cartolinas as informações coletadas e todos apresentam seus trabalhos num grande mural.

SUGESTÕES DE HISTÓRIAS E LENDAS (POR REGIÃO)

REGIÃO NORTE

- A lenda do Boto
- Segredo do Uirapuru
- Como nasceu o Rio Amazonas
- Como nasceu a Vitória-Régia

REGIÃO NORDESTE

- Engenho mal-assombrado
- O Bicho Labatut
- Corpo-santo
- Alamoa

REGIÃO CENTRO-OESTE

- Os dois pássaros
- O Negro D'água
- O Anhanguera

REGIÃO SUDESTE

- A visão do linguado
- Saci-Pererê
- O Gigante de Pedra
- Santo Antônio casamenteiro

REGIÃO SUL

- O Lagarto Encantado
- Como surgiu a noite
- Paiquerê

Todas estas histórias podem ser encontradas em:

PIAI, Arlete; PACCINI, Maria Júlia. *Viajando pelo folclore de norte a sul.* Ilustrações de Roberto Melo. São Paulo: Cortez, 2004.

PLURALIDADE CULTURAL

Atividade 31
Cultura indígena I

Esta atividade auxilia o aluno a:

• conhecer a história, os hábitos, os costumes e os rituais dos indígenas;

• respeitar a diversidade cultural;

• cultivar o sentimento de responsabilidade pelo bem-estar alheio.

Conteúdo:

• dia do índio.

Você vai precisar de:

• biblioteca, cartolinas, canetas e lápis coloridos, revistas e jornais, cola e tesoura.

Procedimento:

• esta atividade poderá ser desenvolvida em qualquer dia letivo, e não necessariamente no Dia do Índio.

• o professor acompanha os alunos até a biblioteca, onde eles deverão pesquisar hábitos, costumes e rituais dos povos indígenas. Pede aos alunos que tragam revistas e jornais com reportagens sobre os índios.

• os alunos deverão elaborar cartazes nos quais a vida indígena esteja caracterizada.

- apresentam seus trabalhos à classe, e o professor aproveita a oportunidade para contar um pouco da história dos índios no Brasil e buscar, com os alunos, as razões para a diminuição da população indígena no País, além de discutir algumas situações de risco a que os índios estão sujeitos em nossa sociedade.

CRÔNICA PARA REFLEXÃO
Dia do índio, dia do branco

Na semana passada comemorou-se o "Dia do Índio". 19 de abril. Nem me lembrava direito a razão da comemoração. Historicamente até sei e lembro, mas tenho muito cuidado em se tratando da palavra "comemoração" no contexto atual. Entendo comemoração como algo que deva ser lembrado com carinho e celebrado com respeito, ou seja, algo bom que se encaminhou para o bem e trouxe frutos positivos. Por essa razão lembro e comemoro. Como é o caso de aniversários, formaturas, bodas diversas etc. E, então, presenciei no final da tarde do dia 19 de abril, Dia do Índio, um bando de adolescentes fantasiados de índios dirigindo-se pela rua e encaminhando-se para um estacionamento aberto.

Lá apresentaram um espetáculo grotesco, na tentativa de imitarem os índios. Algumas pessoas pararam para ver – um parco público, muito mais curioso do que interessado. Jovens fantasiados de índios (que nenhum índio os veja) dançando uma mistura de ritmos que tornaram indecifrável uma só modalidade de dança (inclusive a indígena), e cantavam também. E pasmem, tudo isso sob os olhares atentos e cuidadosos de... seus professores.

Eu pergunto: o que aprendeu cada aluno com essa atividade/apresentação? Resposta: que ele não é um índio. Digo que, para compreender um índio, você tem de se sentir índio. Com certeza nossos irmãos índios, dizimados cada vez mais, ano após ano, dia após dia, queimados, inclusive, por jovens que um dia, talvez, tenham se fantasiado de "indiozinhos", jamais tentariam imitar os brancos. Por que os índios não comemoram o "Dia dos Brancos"? Seria, no mínimo, patético presenciar uma tribo apresentando uma cena imitando os brancos. Que cena ou momento eles escolheriam? Eu consigo imaginar uma centena delas, mas escolho uma especial: o dia da chegada das caravelas ao Brasil. Isso, sim, seria comemoração, não é? O primeiro encontro a gente nunca esquece! Mas acredito que os índios nem vão se lembrar de nós, até porque correm o risco de nem existirem mais.

Ah! Lembrei-me agora de outra comemoração – menos comemorada anualmente – mais comemorada de 500 em 500 anos!? É o "Dia do Descobrimento do Brasil", 22 de abril. Olha que interessante: primeiro comemora-se o Dia do Índio e depois o Dia do Descobrimento do Brasil. Pois é, já "cobrimos" muitos índios e o Brasil está cada vez mais "coberto". Comemorar o quê, minha gente?

Artigo de Sandra Branco
Fonte: http://www.estadao.com.br/print/2002/abr/22/221.htm

Atividade 32
Cultura indígena II

Esta atividade auxilia a:

- reconhecer a diversidade cultural existente em nosso país e a necessidade de respeito aos índios;
- conhecer a distribuição geográfica dos índios no Brasil e refletir sobre sua sobrevivência.

Conteúdo:

- onde estão os índios do Brasil?

Você vai precisar de:

- cartolina, canetas e lápis coloridos;
- material para pesquisa: livros, revistas e jornais que falem sobre os índios no Brasil.

Procedimento:

- os alunos deverão desenhar o mapa do Brasil nas cartolinas, delineando as regiões e Estados.
- com o auxílio do material de pesquisa (livros, revistas e jornais), deverão pintar, no mapa, os locais onde existem reservas indígenas.
- após verificarem onde se concentram as reservas indígenas em nosso país, podem começar uma discussão e uma análise sobre as razões da concentração em determinadas regiões.
- para concluir a atividade, o professor lança a questão: O que o homem pode fazer para evitar a diminuição de concentrações indígenas no País?

PLURALIDADE CULTURAL

Atividade 33
Dialetos

Esta atividade auxilia a:

- conhecer e respeitar a diversidade linguística regional existente no País;
- familiarizar-se com novos termos da língua pátria.

Conteúdo:

- o que significa isso?

Você vai precisar de:

- caderno, canetas ou lápis.

> Esta atividade proporciona excelente oportunidade para compreender as diferentes linguagens e perceber a diversidade cultural como uma riqueza de nossa gente.

Procedimento:

- a classe divide-se em cinco grupos, responsáveis por pesquisar cada uma das regiões do País: Norte, Nordeste, Centro-Oeste, Sudeste e Sul.
- os grupos encarregam-se de entrevistar algumas pessoas (podem ser amigos, parentes, colegas, funcionários da escola, vizinhos, comerciantes da comunidade, membros de igrejas, entre outros) originárias das várias regiões do Brasil.
- a entrevista terá como foco a linguagem regional do lugar de origem das pessoas.
- em seguida, os alunos comparam o significado das palavras e a forma como são escritas. Verão que nas várias regiões podem existir palavras diferentes para significar a mesma coisa ou palavras com escrita igual, mas com significados diferentes.

Atividade 34
Canta, canta, minha gente!

Esta atividade auxilia a:
- conhecer, reconhecer e respeitar as diversas expressões e manifestações musicais presentes em nosso país;
- aprimorar o conhecimento musical, como forma de expressão cultural;
- relacionar as expressões e manifestações musicais à construção de culturas.

Conteúdo:
- expressões e manifestações musicais.

Você vai precisar de:
- aparelho para tocar CDs, variados CDs, cartolinas, lápis e canetas coloridas, recortes de revistas e jornais, cola e tesoura.

Procedimento:
- o professor promove uma audição musical. Põe para tocar algumas músicas selecionadas previamente, originárias de algumas regiões do País.
- os alunos, organizados em pequenos grupos, escolhem determinada música.
- ouvem-na novamente e buscam descobrir, por meio das letras e dos ritmos, a procedência daquela música.
- após descobrirem ou o professor explicar a região de origem da música, os grupos confeccionam cartazes com a letra da música escolhida.
- para ilustrar os cartazes, os alunos buscam, nos recortes de revistas e jornais, imagens e reportagens ou artigos que representem a região da música escolhida.

Atividade 35
Como vovó dizia

Esta atividade auxilia:

• no respeito ao idoso e no exercício da escuta;
• na diminuição das diferenças;
• na compreensão e na valorização da história de vida dos mais velhos.

Conteúdo:

• entrevista.

Você vai precisar de:

• cartolinas, canetas coloridas e réguas.

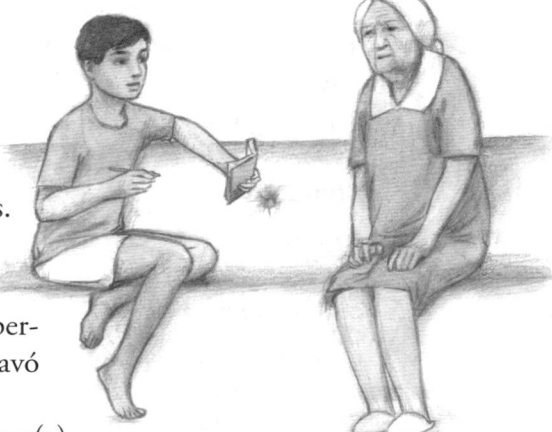

Procedimento:

• o professor propõe aos alunos duas perguntas a serem feitas por eles à sua avó ou avô em uma entrevista.
• 1ª pergunta: Que atitudes das pessoas o(a) senhor(a) mais valoriza? Por quê?
• 2ª pergunta: Como o(a) senhor(a) compreende um mundo menos desigual e mais solidário?
• de posse das respostas, os alunos apresentam-nas à classe. Inicialmente, os alunos leem as respostas à primeira pergunta. O professor registra-as na lousa e discute a importância dessas atitudes na vida das pessoas.
• segue-se o mesmo procedimento para as respostas à segunda pergunta, considerando, agora, a contribuição dos mais velhos para um mundo melhor.
• no final, os alunos fazem dois quadros em cartolina: no primeiro, relacionam as atitudes corretas segundo seus avós; no segundo, relacionam as reflexões e sugestões apuradas.

PLURALIDADE CULTURAL

Atividade 36
Quem foi essa pessoa?

Esta atividade auxilia a:

• familiarizar-se com grandes vultos da humanidade e com suas ações para melhorar o mundo em que vivemos, enfraquecendo preconceitos e diminuindo as diferenças;
• adotar atitudes de respeito à vida, à melhoria das condições de vida e ao ser humano mediante a análise dos pensamentos e das ações de outras pessoas;
• iniciar-se na pesquisa.

Conteúdo:

• pesquisa.

Você vai precisar de:

• livros para pesquisa, caderno, canetas e lápis;
• cartolina suficiente para cada grupo, canetas coloridas e fita adesiva.

Procedimento:

• o professor propõe aos alunos a realização de uma pesquisa sobre a vida de grandes homens e mulheres que mudaram os rumos da humanidade com suas ideias, pensamentos e ações.

- como sugestão, apresenta dez nomes e organiza os alunos em pequenos grupos. Cada grupo terá como incumbência pesquisar a vida de um dos nomes da relação. Poderá ser feito sorteio.
- ao término da pesquisa, os alunos deverão nomear quais virtudes estão presentes nas ações da pessoa pesquisada.
- numa cartolina, expor a biografia da pessoa pesquisada e as virtudes que os alunos acreditam que ela tenha.
- para finalizar, cada grupo apresenta sua pesquisa à classe.

BREVE BIOGRAFIA DE PESSOAS QUE OUSARAM MELHORAR O MUNDO E DIMINUIR OS PRECONCEITOS E AS DIFERENÇAS ENTRE AS PESSOAS

Anna Eleanor Roosevelt – (1884-1962) Ativista social norte-americana e esposa de Franklin Delano Roosevelt, presidente dos Estados Unidos entre 1933 e 1945. Fundadora do grupo liberal "Americanos pela Ação Democrática", foi delegada dos EUA nas Nações Unidas de 1945 a 1953, época em que contribui para a elaboração da Declaração Universal dos Direitos Humanos, documento de reconhecida importância para todos os cidadãos.

Anne Frank – Judia nascida Annelise Marie Frank em 12 de junho de 1929. Durante o holocausto, por 25 meses, foi obrigada a viver escondida dos nazistas em um quarto em Amsterdá, chamado de "anexo secreto". Nesse período escreveu em seu diário tudo o que sentia, pensava e vivia. Denunciada, foi levada para os campos de concentração nazistas. O diário escrito por ela foi publicado e traduzido em 67 línguas, sendo considerado um dos livros mais lidos.

Buda – O príncipe Sidarta Gautama nasceu no nordeste da Índia no século VI a.C. Ele renunciou à vida mundana para buscar uma existência livre de sofrimento. Quando, pela meditação e pelo ascetismo, atingiu seu objetivo, ganhou o nome de Buda (o Iluminado).

Dalai-Lama – Líder espiritual tibetano. Nascido Lhamo Thondup, aos 4 anos de idade foi empossado como líder espiritual do Tibete e passou a chamar-se Jampel Ngawang Lobsang Yeshe Tenzin Gyatso. O atual dalai-lama (14º) nasceu em 1935 no leste do Tibete. Os dalai-lamas são tidos como reencarnações do príncipe Chenrezig, o portador do lótus branco, que representa a compaixão.

Francisco Cândido Xavier – Conhecido como Chico Xavier, é o médium brasileiro divulgador da doutrina espírita no Brasil. Reconhecido por suas obras sociais em prol dos menos favorecidos socialmente, é autor de centenas de livros psicografados.

Gandhi – Nascido Mohandas Karamchand Gandhi, viveu de 1869 a 1948. Estudou Direito em Londres. Advogou na Índia e na África do Sul. Foi um líder nacionalista indiano que lutou pelos direitos civis dos homens, independentemente de sua raça. Chamado de mahatma (alma grande, em sânscrito), era venerado como um santo. Sua bandeira era a "não violência".

Joana D'Arc – Heroína francesa e santa católica canonizada em 1920 – cerca de 500 anos após sua morte. É considerada a santa padroeira da França e, também, heroína da Guerra dos Cem Anos.

João Paulo II – Polonês nascido Karol Jósef Wojtyla, foi o primeiro papa não italiano, em 455 anos, da Igreja católica. Teve o terceiro papado mais longo da história do catolicismo, com 26 anos de pontificado.

Madre Teresa de Calcutá – Agnes Gonxba Bojaxhiu (1910-1997). Naturalizada indiana, foi uma missionária da Igreja Católica cuja preocupação sempre esteve voltada para a ajuda aos mais pobres, realizando projetos de recuperação dos indianos mais carentes. Recebeu o Prêmio Nobel da Paz por serviços prestados à humanidade.

Martin Luther King – Pastor norte-americano que viveu de 1929 a 1968. Recebeu o Prêmio Nobel da Paz e foi líder do movimento americano pelos direitos civis das minorias. Lutou contra a desigualdade racial, defendendo a comunidade negra contra a opressão racial.

Nelson Mandela – Nelson Rolihlahla Mandela. Principal representante do anti-apartheid, advogado e presidente da África do Sul entre 1994 e 1999. Ativista da luta pela liberdade. No regime do apartheid, os brancos detinham o poder e os povos restantes eram obrigados a viver separadamente, com regras que os impediam de viver plenamente sua cidadania.

Sócrates – Um dos principais filósofos da Grécia antiga, fundador da Filosofia ocidental. Considerado sábio, nada deixou por escrito; seu pensamento é conhecido somente por intermédio das obras de seus discípulos Platão e Xenofonte. Atraía para si a atenção dos jovens atenienses com espetacular oratória e inteligência. Foi preso e acusado de subversão da ordem social, corrupção de jovens e de provocar mudanças na visão religiosa grega. Foi condenado ao suicídio e obrigado a beber cicuta (potente veneno).

Atividade 37
Religiões e credos

Esta atividade auxilia o aluno a:

- iniciar-se nos conhecimentos sobre religião ou aprofundá-los;
- familiarizar-se com a diversidade religiosa;
- respeitar os diferentes credos e suas manifestações.

Conteúdo:

- jogo temático de caça-palavras.

Você vai precisar de:

- livros ou revistas sobre religiões diversas, canetas coloridas, lápis de cor e cartolinas.

Procedimento:

- o professor apresenta aos alunos um quadro de letras no qual estejam ocultos os nomes de algumas religiões.
- os alunos deverão descobri-las e circundá-las.
- após todas as palavras terem sido desvendadas, o professor reúne os alunos em pequenos grupos e sorteia uma palavra para cada grupo. A palavra, que será o nome de uma religião, deverá ser pesquisada pelo grupo. Na pesquisa, os alunos deverão buscar a origem e a história da religião e apontar sua manifestação na cultura brasileira.
- para concluir com êxito, o professor discute a diversidade apresentada e busca, com os alunos, valorizar a diferença de opiniões e credos, sempre tendo como pano de fundo o respeito à liberdade de escolha de cada um.

Sugestão de caça-palavras temático: religiões e credos

Q	E	R	R	W	T	Y	U	I	U	M	B	A	N	D	A
Q	A	S	E	D	J	J	I	S	T	A	D	E	U	D	A
M	N	E	S	E	S	U	S	Z	X	C	C	K	J	H	E
C	R	S	P	P	I	R	L	I	Y	T	A	B	A	N	B
B	P	O	I	C	R	U	A	C	V	A	N	L	E	U	J
U	C	R	R	R	N	A	M	P	A	S	D	Q	A	Z	U
D	W	Z	I	P	X	R	I	C	A	E	O	X	E	D	D
I	C	R	T	F	V	E	S	F	E	T	M	T	G	A	A
S	E	L	I	M	I	U	M	Ç	P	E	B	N	M	U	Í
M	P	O	S	E	Y	L	O	U	G	W	L	P	L	M	S
O	O	K	M	I	U	H	B	V	V	T	É	F	I	M	M
L	A	I	O	M	P	I	S	T	I	R	I	B	V	K	O
L	C	R	I	S	T	I	A	N	I	S	M	O	E	Z	X
P	J	G	R	D	E	N	H	U	E	R	A	Ç	W	Q	A

MATERIAL DE APOIO PARA A ATIVIDADE SOBRE RELIGIÕES E CREDOS

CRISTIANISMO – Com raízes na fé judaica, o cristianismo, surgido há mais de 2 mil anos, reforça o ideal do amor fraterno e da compaixão. Os cristãos acreditam que Cristo morreu para redimir os pecados e sua ressurreição trouxe a salvação. É uma das religiões que mais tem adeptos em todo o mundo.

Alguns símbolos da religião católica

- A comunhão, por meio da hóstia e do vinho consagrados, simboliza o corpo de Cristo e seu sangue derramado pela humanidade;

- A Bíblia, que consiste no Velho e no Novo Testamento, é a própria palavra de Deus;

- O crucifixo, um objeto de devoção que lembra a imagem de Jesus na cruz, é o símbolo mais poderoso do cristianismo;

- Os santos, devotos que viveram – e muitas vezes morreram – pela causa cristã e foram canonizados pela Igreja.

ISLAMISMO – Religião baseada em revelações divulgadas pelo profeta Maomé, que viveu na Arábia de 570 a 632 d.C. Suas palavras foram descritas num livro: o Alcorão. Como os judeus e os cristãos, os muçulmanos (islamitas) adoram um só Deus (Alá) e veem na fé um ato de submissão à vontade divina. Sua fé e suas ações pautam-se nos cinco pilares: declarar sua fé publicamente, rezar cinco vezes por dia, dar esmolas, jejuar no mês de ramadã e fazer uma peregrinação a Meca.

Alguns símbolos do islamismo

- A mão-de-Deus, conhecida também como mão-de-Fátima (a filha de Maomé), representa os cinco pilares do islã;

- Tapete de oração: os muçulmanos têm o hábito de fazer salat (orações) sobre um tapete ou esteira;

- Caaba, o principal santuário do Islã, em Meca – para onde todos os fiéis devem voltar-se ao rezar (onde quer que estejam). Os fiéis devem também fazer uma peregrinação até lá ao menos uma vez na vida, se possível.

JUDAÍSMO – Surgiu por volta do séc. XIV a.C. e desenvolveu-se como religião monoteísta, baseada no diálogo entre Deus, Javé, e seu povo escolhido, os judeus. Estes espalharam-se por todo o mundo, desenvolvendo uma cultura centrada na história, na lei e na vida familiar. Os patriarcas dessa religião são os antigos líderes Abraão, seu filho Isaac e seu neto Jacó (ou Israel), cujos feitos são relatados no primeiro livro da Bíblia: o Gênesis.

Alguns símbolos do judaísmo

- A estrela-de-Davi, principal símbolo do judaísmo e do Estado de Israel, também está ligada ao misticismo judaico: os triângulos representam o entrelaçamento de sol, fogo e energia masculina com lua, água e energia feminina.

- Hanukia, o candelabro de oito braços, é usado na celebração da festa das Luzes (Chanuca). As velas ficam acesas durante oito dias para lembrar um milagre ocorrido quando o Templo de Jerusalém foi reconsagrado, em 164 a.C. (o óleo do jarro do templo ardeu por oito dias).

BUDISMO – Baseia-se na não violência, na compaixão e na caridade. Sua meta é a iluminação, que encerra o ciclo de nascimento e renascimento e conduz ao nirvana – absorção pelo cosmo. O budismo desenvolveu-se segundo os preceitos do príncipe Sidarta Gautama, que nasceu no nordeste da Índia no século VI a.C. Ele renunciou à vida mundana para buscar uma existência livre de sofrimento. Quando atingiu seu objetivo, pela meditação e pelo ascetismo, ganhou o nome de Buda (o Iluminado).

Alguns símbolos do budismo

• Lótus budista: na cosmologia budista, o lótus simboliza a pureza. Essa bela flor nasce no lodo e na água e por isso é associada à aspiração e ao potencial humanos;

• Árvore *bodhi*, um tipo de figueira que simboliza a iluminação de Buda, alcançada por ele ao meditar sobre seus galhos. Costuma-se plantar *bodhis* nos jardins dos mosteiros para relembrar esse evento.

ESPIRITISMO – Doutrina que trata da natureza, da origem e do destino dos espíritos e de suas relações com a vida material. Surgiu na França, há mais de um século, e foi organizada e codificada pelo médico e professor Allan Kardec, discípulo de Pestalozzi. A doutrina espírita baseia-se em três pilares: filosofia, ciência e religião. As práticas espíritas fundamentam-se no estudo das obras da Codificação e no exercício da assistência espiritual e material aos que necessitam de apoio.

Os cinco princípios básicos do espiritismo

• A existência do espírito e sua sobrevivência após a morte;
• A reencarnação;
• A lei de causa e efeito;

• A comunicação entre mundo espiritual e material;
• A evolução progressiva dos espíritos.

RELIGIÕES AFRO-BRASILEIRAS

UMBANDA – Nascida no Estado do Rio de Janeiro nos anos 20 do século XX, mistura crenças e rituais africanos. Suas raízes encontram-se em duas religiões trazidas da África pelos escravos: a cabula, dos bantos, e o candomblé, da nação nagô. A umbanda considera que o universo está povoado de entidades espirituais e que o contato dos homens com essas entidades (chamadas guias espirituais) se faz por meio de um médium, pessoa iniciada que os incorpora.

Algumas figuras representativas da umbanda

• O Caboclo, o Preto-Velho e a Pombajira.

CANDOMBLÉ – Chegou ao Brasil entre os séculos XVI e XIX com o tráfico de escravos negros da África ocidental. Cultua os orixás, deuses das nações africanas de língua iorubá dotados de sentimentos humanos, como o ciúme e a vaidade. Foi, por muito tempo, considerado feitiçaria, e, para fugir da perseguição decorrente disso, seus adeptos começaram a associar os orixás aos santos da Igreja católica.

Exemplos de sincretismo entre os orixás do candomblé e os santos católicos

• Iemanjá - Nossa Senhora da Conceição;
• Iansã - Santa Bárbara.

Fontes:
BRUCE-MITFORD, Miranda. *O livro ilustrado dos símbolos*: o universo das imagens que representam as ideias e os fenômenos da realidade. São Paulo: Publifolha, 2001.
KARDEC, Allan. *O principiante espírita*. São Paulo: Lúmen, 1966.
http://portalbrasil.net/religiao_religioes_afrobrasileiras.htm
http://espirito.org.br/portal/doutrina/afinal-o-que-eh-espiritismo.html

PLURALIDADE CULTURAL

Atividade 38
Imigrantes

Esta atividade auxilia:

• no respeito aos estrangeiros e seus descendentes;
• na valorização da diversidade cultural presente em nosso país;
• no estabelecimento de relações de afeto e simpatia.

Conteúdo:

• entrevistando estrangeiros.

Você vai precisar de:

• cadernos, lápis ou canetas.

Procedimento:

• o professor solicita aos alunos que entrevistem pessoas estrangeiras. Podem ser amigos, familiares, pessoas da escola, vizinhos ou comerciantes do bairro, por exemplo.
• cada aluno encarrega-se de entrevistar uma pessoa estrangeira.
• após o registro das entrevistas, cada aluno apresenta à classe um relatório das respostas.
• poderá também ser feito um gráfico das entrevistas, no qual se verificarão os países mais presentes na atividade.

> **Sugestões de perguntas para as entrevistas**
>
> • Em que país você nasceu?
> • Com quantos anos você veio para o Brasil?
> • De que você mais se lembra em seu país de origem?
> • De que você mais sente saudade em seu país de origem?
> • Você foi bem recebido no Brasil?
> • O que, no Brasil, mais se parece com seu país de origem?

Atividade 39
O outro

Esta atividade auxilia:

- no respeito às diferenças;
- no exercício da alteridade;
- na socialização;
- na prática da escuta.

Conteúdo:

- Trocando de lugar.

Você vai precisar de:

- espaço suficiente para abrigar as várias duplas um pouco distantes entre si.

Procedimento:

- os alunos reúnem-se em duplas.
- cada um dos componentes das duplas deverá relatar ao colega suas características, por exemplo: do que gosta, do que não gosta, qualidades e defeitos, como se relaciona com sua família, como trata seus animais de estimação, passeios que gosta de fazer, do que tem medo etc.
- os alunos deverão prestar muita atenção, pois, em seguida, deverão trocar de lugar com o par e pôr-se em seu lugar, dizendo o máximo de coisas que se lembrar de seu colega, mas na primeira pessoa do singular. *Por exemplo: João conversou com Marcos. João então se põe no lugar do Marcos e exprime tudo o que ouviu como se fosse ele ("Eu gosto...").*

> Para enriquecer a atividade e atingir plenamente os objetivos, o ideal é que as duplas sejam sorteadas pelo professor, evitando duplas de amigos e possibilitando, assim, uma troca de papéis que favoreça a maior diversidade possível – sexo, raça, religião, entre outras. A ideia é ampliar as amizades.

"Eu conheço um planeta onde há um sujeito vermelho,
quase roxo. Nunca cheirou uma flor.
Nunca olhou uma estrela.
Nunca amou ninguém.
Nunca fez outra coisa senão somas.
E o dia todo repete como tu:
'Eu sou um homem sério! Eu sou um homem sério!'
– e isso o faz inchar-se de orgulho.
Mas ele não é um homem; é um cogumelo!"

(Saint-Exupéry)

SAÚDE

O tema transversal Saúde pretende discutir a significação desse termo em nossa sociedade contemporânea e contribuir para a manutenção da própria vida – condição inequívoca para viver bem. Para tanto, lanço mão de algumas atividades que, além de informar, têm como metas principais: formar uma atitude de relação saudável do ser humano com o próprio corpo, também levando em conta as instâncias psicológicas do bem-estar; relacionar bem-estar à felicidade; considerar também o outro na manutenção de uma vida saudável.

O tema transversal Saúde tem estreita relação com o tema transversal Orientação Sexual. Por essa razão, algumas atividades propostas para um dos dois poderão adequar-se mutuamente, enriquecendo a prática do professor e possibilitando maior alcance dos objetivos de ambos os temas.

As atividades de 40 a 50 referem-se ao tema transversal Saúde.

Atividade 40
Sentindo os sentidos

Esta atividade auxilia o aluno a:

• reconhecer e valorizar os sentidos humanos;

• exercitar os sentidos, compreendê-los e saber suas funções.

Conteúdo:

• os sentidos humanos.

Você vai precisar de:

• espaço suficiente para cada grupo poder fazer o exercício confortavelmente e vendas para os olhos.

Procedimento:

• o professor inicia sua aula descrevendo os sentidos humanos, suas funções e importância.

• organiza os alunos em cinco grupos. Cada grupo será responsável por um sentido humano: visão, audição, olfato, paladar e tato.

• visão – cada integrante do grupo deverá pôr uma venda nos olhos e ficar com ela por um minuto.

• audição – cada integrante do grupo tampa os próprios ouvidos por dois minutos.

• olfato – cada integrante do grupo tampa as próprias narinas por aproximadamente um minuto ou pelo tempo que conseguir.

• paladar – o professor apresenta balas para cada integrante desse grupo e pede a eles que esperem por dois minutos até que possam degustá-las.

• tato – cada integrante do grupo fica sem tocar em nada por dez minutos, com as mãos inertes.

• no final cada grupo descreve: 1) o que sentiu durante o tempo de privação do sentido e, também, 2) o que sentiu quando voltou a utilizá-lo.

O tempo destinado ao momento de privação dos sentidos é apresentado somente como sugestão. Cabe ao professor considerar a idade e as características de seus alunos para a determinação do tempo de privação, a fim de não provocar nenhum tipo de mal-estar físico. A ideia é apenas valorizar os sentidos por meio do próprio sentir. No fim da atividade o professor distribui balas para todos os alunos.

SAÚDE

Atividade 41
Mãos vivas

Esta atividade auxilia o aluno a:

• conhecer o próprio corpo e valorizar suas funções e ações;
• desenvolver o bem-estar psicológico;
• conscientizar-se de que cuidar bem de si próprio e dos outros é cuidar da vida;
• transcender a ideia de funcionalismo do corpo e valorizar as ações que podemos ter no movimento de nosso corpo em direção ao outro.

Conteúdo:

• o que fazer com minhas mãos?

Você vai precisar de:

• cartolina e canetas coloridas.

Procedimento:

• o professor divide a classe em grupos. Cada grupo será responsável por redigir um texto que explique as funções das mãos.
• esclarecidas as funções das mãos, os alunos deverão escrever como essas funções podem ser aplicadas para a melhoria da vida do homem em sociedade.
• registram suas ideias numa cartolina e apresentam-nas à classe.

A ideia é transcender as funções habituais e colaborar para a melhoria de vida dos homens; é ultrapassar os limites do funcionalismo.
Mãos, além de desenvolverem sua função, podem servir para afagar uma pessoa triste; para manter bonito um ambiente; para presentear; para plantar flores; para doar alimentos; para alimentar, curar etc.

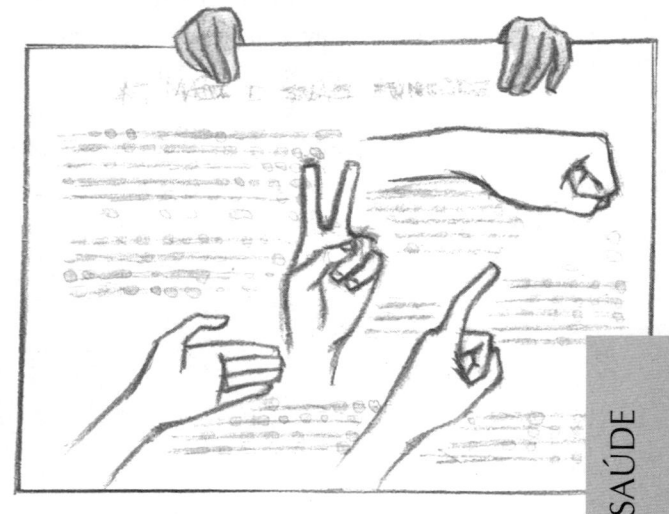

SAÚDE

Atividade 42
O relógio do meu tempo

Esta atividade auxilia:

- no autoconhecimento;
- na reflexão sobre como temos cuidado de nossa vida;
- na reavaliação da utilização de nosso tempo, a fim de melhorar nossa condição de vida – de saúde e bem-estar.

Conteúdo:

- como uso meu tempo?

Você vai precisar de:

- cartolinas, compasso, réguas e lápis coloridos.

Procedimento:

- os alunos dividem a cartolina em duas partes, cada qual representando 12 horas – uma referente ao dia e outra referente à noite. Indicam quantas horas passam dormindo, estudando, brincando, passeando, assistindo à televisão, jogando, conversando, alimentando-se etc.
- terminada essa fase da atividade, sob a orientação do professor, passam a refletir sobre a qualidade dessas horas e sobre se estão felizes com a maneira de utilizá-las ou se gostariam de empregar seu tempo de maneira diferente.
- trata-se de bom momento para refletir sobre a utilização do próprio tempo e sobre a qualidade das ações praticadas: se dormem muito, pouco ou suficiente; se a alimentação é feita de forma adequada e saudável ou com pressa e sem qualidade; se brincam muito ou pouco; se estudam pouco, muito ou não estudam; se passam muito tempo, pouco tempo ou nenhum tempo ao computador; se passeiam muito, pouco ou não passeiam; se dedicam algum tempo aos esportes e ao lazer saudável etc.

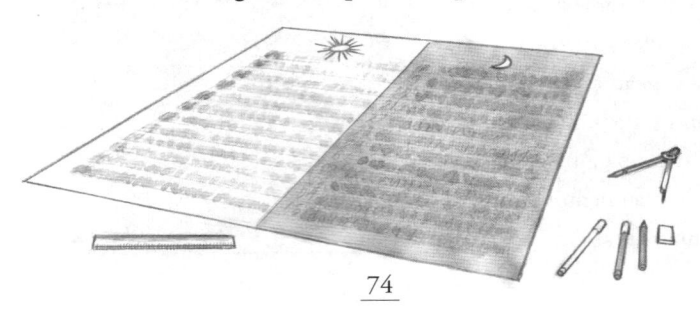

SAÚDE

Atividade 43
Como me sinto quando...?

Esta atividade auxilia:

- na compreensão de como funciona nosso organismo;
- no respeito ao próprio ritmo biológico e às necessidades do corpo;
- na prática do autocuidado.

Conteúdo:

- o autocuidado e a preservação do bem-estar.

Você vai precisar de:

- cadernos e lápis ou canetas.

Procedimento:

- o professor escreve na lousa algumas perguntas e pede aos alunos que respondam a elas em seus cadernos.
- em seguida, após todos responderem, discute com os alunos as respostas e de que maneira as atitudes relatadas podem ser benévolas ou maléficas para a saúde deles.

Sugestões de perguntas

1. Como me sinto quando durmo poucas horas por noite? E quando durmo demais?
2. Como me sinto quando minha alimentação é feita fora do horário normal? E quando é feita em horários regulares?
3. Como me sinto quando como doces em substituição ao almoço ou ao jantar? E quando me alimento em horários regulares?
4. Como me sinto quando pratico exercícios? E quando deixo de praticá-los?
5. Como me sinto usando roupas adequadas ao clima? E usando roupas inadequadas ao clima?

SAÚDE

A droga é uma droga!

Esta atividade auxilia:

• no hábito da leitura e da pesquisa;

• na compreensão de que a saúde é construída, também, socialmente;

• na responsabilidade pela própria saúde;

• no conhecimento sobre as drogas e seus riscos para a saúde.

Conteúdo:

• drogas lícitas e ilícitas.

Você vai precisar de:

• jornais, revistas, cartolinas, cola, tesoura, lápis de cor ou de cera e canetas coloridas.

Procedimento:

• para iniciar esta atividade, o professor pede aos alunos que falem sobre o que sabem a respeito das drogas.

• com base nas respostas, esclarece a diferença entre drogas lícitas e ilícitas.

• em seguida, orienta os alunos, de modo que efetuem na biblioteca uma pesquisa sobre drogas.

• com antecedência, pede-lhes que tragam reportagens em jornais ou revistas que tratem desse assunto.

• com as informações adquiridas nos livros, jornais e revistas, os alunos deverão confeccionar cartazes sobre algumas drogas.

• o professor então lhes propõe a seguinte questão: Que consequências o uso de drogas pode ter no organismo e na vida pessoal e social das pessoas?

SAÚDE

MATERIAL DE APOIO PARA A ATIVIDADE SOBRE DROGAS

ESTIMULANTES

Cocaína – Pode ser inalada, injetada ou ingerida. Inicialmente provoca alucinações agradáveis e sensação de força muscular e mental. Em seguida o usuário passa à euforia, que acelera os batimentos cardíacos e torna a respiração irregular, provocando um quadro de grande excitação com possível ocorrência de náuseas e insônia. O uso dessa droga pode desencadear surtos e crises psicóticas geradoras de condutas perigosas. É uma droga que causa séria dependência.

Crack – Cocaína "fumável". O nome surgiu do som produzido quando a pedra de cocaína é queimada. Ao ser absorvida em toda a mucosa respiratória, a droga atinge o cérebro em poucos segundos. Quando se fuma uma pedra de crack, a cocaína volatiliza-se e entra no organismo sob a forma de vapor, chegando à circulação sanguínea. O crack provoca os mesmos danos que a cocaína aspirada, porém torna-se mais avassalador por sua ação mais rápida, que pode provocar insônia, agitação psicomotora, agressividade, emagrecimento, dificuldades para estabelecer relações afetivas, perda da autocrítica e da moral, comportamento antissocial, marginalidade e lesões da via respiratória.

DEPRESSORAS

Heroína – Derivada da papoula, é uma variação da morfina. Constitui uma das mais potenciais drogas que afetam o ser humano, pois causa rapidamente dependência. Funciona como poderoso depressivo do sistema nervoso central. Fisicamente o usuário de heroína pode apresentar sérias complicações, como surdez, cegueira, delírios, problemas nas válvulas cardíacas e até morte.

PERTURBADORAS

Maconha – Utilizada em forma de cigarro, seu efeito pode durar entre uma e seis horas. Inicialmente, o usuário sente-se desinibido e consciente. Seu potencial de fala é acionado, ri desmedidamente e tem acessos de euforia. Pode perder a noção de espaço (ambientes parecem maiores ou menores) e de memória recente e apresentar aumento de apetite. A maconha atinge consideravelmente os olhos dos usuários, que ficam vermelhos e injetados. Com o tempo, seu uso pode causar conjuntivite, bronquite e dependência. Em excesso pode produzir efeitos paranoicos e ativar episódios esquizofrênicos em pacientes psicóticos.

LSD – Encontrado em tabletes, cápsulas ou líquidos. Sua ação tem uma duração de 10 a 12 horas. A ingestão de LSD potencializa as percepções sensoriais, sobretudo a visão, provocando alucinações. Com o tempo de uso, pode causar danos cromossômicos sérios, além de intensificar as tendências psicóticas à ansiedade, ao pânico e, por causar um medo aterrorizador, ao suicídio.

Cogumelo – Habitualmente ingerido sob a forma de chá, tem um efeito aproximado de seis a oito horas, quando propicia relaxamento muscular, náuseas e dores de cabeça acompanhadas por alucinações auditivas e visuais.

Fontes

http://www.imesc.sp.gov.br/infodrogas/estimula.htm

http://www.imesc.sp.gov.br/infodrogas/depresso.htm

http://www.imesc.sp.gov.br/infodrogas/perturba.htm

http://www.faac.unesp.br/pesquisa/nos/olho_vivo/drogas/tip_drog.htm

http://www.arcadenoe.org.br/drogas.htm

SAÚDE

Atividade 45
"Febre quebra-osso"

Esta atividade auxilia:

- na adoção de cuidados diários para evitar a proliferação do mosquito da dengue;
- no esclarecimento sobre o que é dengue e o incentivo a formas de evitá-la;
- no fortalecimento da necessidade de hábitos de higiene e zelo em casa.

Conteúdo:

- como evitar a dengue e sua proliferação.

Você vai precisar de:

- cartolinas, lápis e canetas coloridas, giz de cera, régua, guache, pincéis e outros materiais de desenho e pintura.

Procedimento:

- o professor faz uma explanação sobre o que é a dengue, também conhecida como "febre quebra-osso"; sobre como se dá a transmissão, sobre sinais e sintomas, diagnóstico e tratamento.
- após os esclarecimentos, o professor pede aos alunos que, em grupos, elaborem cartazes sobre como podemos evitar a proliferação do mosquito da dengue. As informações poderão ser obtidas por meio de pesquisa em *sites* de órgãos de saúde pública ou outros de reconhecido crédito e importância.
- os cartazes, inicialmente, serão expostos e explicados na sala de aula. Numa etapa posterior, poderão ser afixados nas áreas comuns da escola, para que todos tenham acesso às informações e sejam reprodutores das ideias a respeito de prevenção e cuidados.

> Além de tratar da dengue clássica, o professor poderá avançar o estudo, falando sobre a dengue hemorrágica – de maior gravidade para a saúde das pessoas.

SAÚDE

MATERIAL DE APOIO À ATIVIDADE SOBRE A DENGUE

CONCEITO

Dengue: doença infecciosa aguda causada por vírus e transmitida pelo mosquito *Aedes aegypti* infectado. Tem sido uma das principais doenças epidêmicas registradas em países em desenvolvimento, provocando impactos econômicos, sociais e de saúde pública onde ocorre.

TRANSMISSÃO

Efetiva-se pela picada da fêmea do mosquito *Aedes aegypti* (também transmissor de outra doença bem conhecida, a febre amarela). Quando um mosquito sadio pica uma pessoa infectada, ele se contamina com o vírus e poderá transmiti-lo a outras pessoas ao picá-las. A transmissão só se dá de mosquito para pessoas – um ser humano não pode transmiti-la diretamente a outro ser humano.

SINTOMAS

Prostração, febre alta, dor de cabeça, náuseas, dor forte nos olhos, músculos e juntas; podem aparecer também erupções na pele. Embora a recuperação possa estender-se por semanas, os sintomas duram cerca de uma semana.

COMO EVITAR

- Evitar o acúmulo de água em pratos com vasos de plantas e lavá-los com frequência;
- Não manter pneus velhos em áreas abertas, sujeitos às chuvas e ao acúmulo de água;
- Emborcar ou tampar garrafas de vidro ou de plástico;
- Manter sempre fechadas as caixas d'água e frequentemente limpá-las;
- Manter desentupidas as calhas, fazendo sempre limpeza periódica.

SAÚDE

Atividade 46
Aborto

Esta atividade auxilia o aluno a:
- conhecer a opinião médica a respeito do aborto;
- informar-se sobre os riscos do aborto e quando ele é necessário;
- evitar comportamentos discriminatórios;
- esclarecer dúvidas a respeito de tema polêmico ligado à saúde.

Conteúdo:
- entrevista.

Você vai precisar de:
- profissional de saúde (médico).

Procedimento:
- o professor convida um profissional de saúde materno-infantil (preferencialmente médico) para ser entrevistado pelos alunos.
- a entrevista dar-se-á com base em perguntas que tenham estreita relação com a saúde da mulher grávida e do feto.
- os alunos, com perguntas previamente preparadas, entrevistam o profissional e anotam suas respostas.
- ao final, agradecem o entrevistado e iniciam uma discussão em grupo, considerando as respostas obtidas.

Para que a entrevista seja bem-sucedida, atenda aos objetivos propostos e responda às ansiedades do grupo diante do tema, a sugestão é que professores e alunos se reúnam alguns dias antes da data da entrevista, promovam uma discussão sobre aborto, levantando as dúvidas mais frequentes pautadas na realidade da comunidade, e, em seguida, formulem as questões que apresentarão ao profissional de saúde a ser entrevistado. Dessa forma as dúvidas do grupo servirão como base da explanação do médico, que poderá esgotar o assunto, possibilitando conhecimento e reflexão pautados em dados fundamentados.

Atividade 47
Alimentação e saúde

Esta atividade auxilia:

- na mudança de hábitos alimentares;
- na reflexão sobre a qualidade dos alimentos ingeridos;
- na promoção da saúde e do bem-estar.

Conteúdo:

- como tenho me alimentado?

Você vai precisar de:

- caderno, lousa e giz.

Procedimento:

- apresentar aos alunos uma relação de alimentos, misturando alimentos proteicos e saudáveis com outros ricos em gorduras e açúcares.
- cada aluno deverá escrever em seu caderno quais alimentos da relação ele consome com maior frequência.
- em seguida, o professor escreve na lousa os alimentos mais citados pelos alunos. E pergunta quais alimentos, entre aqueles, são mais saudáveis e quais não são benéficos para a saúde.
- promove uma discussão sobre o resultado das respostas e estimula os alunos a buscar uma alimentação saudável, ressaltando quanto isso é importante para o desenvolvimento físico e emocional.

Trata-se de excelente oportunidade para discutir a problemática da obesidade infantil e incentivar hábitos saudáveis, entre os quais a prática de esportes.

Atividade 48
Dentes saudáveis

Esta atividade auxilia:
- no hábito da higiene bucal;
- na saúde bucal e no cuidado com os dentes.

Conteúdo:
- escovação de dentes.

Você vai precisar de:
- escovas de dente e dentifrício.

Procedimento:
- essa atividade poderá ser desenvolvida diariamente para criar o hábito da escovação de dentes. Ela pode incorporar e incrementar o conteúdo prático das aulas sobre saúde.
- o professor designa um horário diário para a escovação de dentes. Pode ser momentos antes do início das aulas, após o intervalo para o lanche (recreio) ou momentos antes do término das aulas.
- o acompanhamento dessa atividade por parte do professor é imprescindível para a fixação do hábito.

> Embora tenhamos a consciência de que os alunos podem desenvolver o hábito da escovação de dentes nas próprias casas, promover e incluir essa prática na rotina escolar (exceto na educação infantil, em que ela já está incluída nas atividades diárias) não tomará muito tempo e poderá causar um efeito magnífico naqueles que, eventualmente, não tenham o hábito salutar de escovar os dentes com a frequência necessária. E, àqueles que já o têm, só trará mais benefícios.

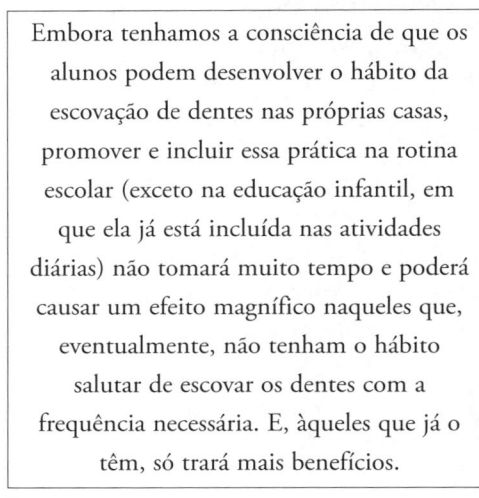

SAÚDE

Atividade 49
Higiene pessoal e autocuidado

Esta atividade auxilia a:
- cultivar o cuidado e a higiene com o corpo;
- identificar e repensar costumes inadequados em relação ao corpo;
- conhecer e socializar atitudes corretas com relação ao tratamento que deve ser dado ao corpo.

Conteúdo:
- higiene corporal.

Você vai precisar de:
- cartolinas, canetas e lápis coloridos, cola, tesoura e recortes de revistas.

Procedimento:
- Para iniciar a aula, o professor discorre sobre a importância da higiene corporal para a boa saúde.
- Divide a classe em sete grupos. Cada um será responsável por estabelecer alguns hábitos de cuidado e higiene relacionados a determinada região do corpo. Seguem abaixo as práticas de cuidado e higiene sob o encargo de cada grupo:

  1. Higiene bucal;
  2. Cuidados com os cabelos;
  3. Cuidados com a pele;
  4. Higiene genital;
  5. Higiene das mãos e dos pés;
  6. Higiene nasal;
  7. Higiene e cuidados com os ouvidos.

- Ao terminarem a atividade, cada grupo expõe à classe os resultados de seu trabalho, que poderão ser apresentados sob a forma de pequenos cartazes explicativos com frases, desenhos, colagens e pinturas.

SAÚDE

Atividade 50
Mudanças climáticas e saúde

Esta atividade auxilia o aluno a:

- conhecer o próprio corpo e suas manifestações conforme as alternâncias climáticas;
- conhecer as doenças que podem acometer as pessoas em cada estação do ano;
- respeitar o ritmo e as necessidades de seu organismo;
- relacionar bem-estar e adequação ambiental.

Conteúdo:

- clima e saúde.

Você vai precisar de:

- calendário de estações; cartolinas, lápis de cor e/ou canetas coloridas, régua, tesoura, cola e recortes de jornal ou revistas.

Procedimento:

- os alunos reúnem-se em quatro grupos. Cada grupo deverá fazer um trabalho sobre uma das estações do ano (primavera, verão, outono e inverno).
- deverão elaborar cartazes com imagens retiradas dos recortes de jornais e revistas ou com desenhos e pinturas produzidas por eles mesmos que sejam adequados à estação escolhida.
- em seguida, deverão apresentar, nos cartazes, uma relação das doenças que mais acometem as pessoas nas respectivas estações climáticas. Ainda poderão elaborar outra relação na qual sugiram medidas profiláticas para minimizar os efeitos das doenças sazonais.
- a atividade poderá encerrar-se com a apresentação e explicação dos cartazes à classe.

"Não soube compreender coisa alguma!
Devia tê-la julgado pelos atos, não pelas palavras.
Ela me perfumava, me iluminava...
Não devia jamais ter fugido.
Deveria ter-lhe adivinhado a ternura sob os seus pobres ardis.
São tão contraditórias as flores!
Mas eu era jovem demais para amar."

(Saint-Exupéry)

ORIENTAÇÃO SEXUAL

O tema transversal Orientação Sexual, ao atravessar o currículo escolar, tem a intenção de propiciar melhor conhecimento do próprio corpo e das transformações a que ele está sujeito no decurso da vida. Trata-se de conhecer o próprio corpo e respeitá-lo em suas necessidades, assim como compreender e respeitar o corpo do outro. A sexualidade percebida em sua relação com o universo corpóreo facilita sobremaneira o início do entendimento do próprio corpo e do respeito às escolhas e às fases a que estão sujeitas todas as pessoas. Portanto, as atividades sugeridas nesta obra têm a nítida intenção de desmascarar mitos e preconceitos que embaçam a visão daqueles que pretendem ter uma vida saudável e digna, esclarecendo a necessidade da higiene e do cuidado na prevenção de doenças. São atividades que promovem o bem-estar físico, iniciando os alunos no reconhecimento da identidade do próprio corpo – sexual e afetiva – e abrindo-lhes caminho para a formação completa que advirá com o amadurecimento do corpo e das ideias sobre ele.

As atividades de 51 a 60 referem-se ao tema transversal Orientação Sexual.

Atividade **51**
Sexo: mitos e verdades

Esta atividade auxilia o aluno a:
- cuidar da saúde, para usufruir a sexualidade de forma segura e saudável;
- conhecer o próprio corpo, suas manifestações e sensações;
- identificar o que é mito e o que é verdade no que diz respeito a sexo e sexualidade;
- adotar comportamentos não discriminatórios.

Conteúdo:
- orientação sexual em cartaz.

Você vai precisar de:
- cartolinas, tesoura, fita adesiva e canetas coloridas.

Procedimento:
- o professor recorta uma cartolina, faz vários pequenos cartões com informações (verdadeiras e falsas) sobre sexo e sexualidade e coloca os cartões, virados para baixo, sobre a mesa, no chão ou em outro local apropriado.
- prepara dois cartazes com os seguintes títulos: MITOS e VERDADES e afixa-os na lousa. Em seguida, pede a cada aluno que retire um cartão, leia, pense e responda se a informação nele contida é um mito ou uma verdade, colocando-o com a fita adesiva em um dos cartazes da lousa.
- após todos terem colocado seus cartões nos cartazes, o professor inicia a análise das escolhas.
- a cada cartão lido, o professor verifica se ele está no cartaz correto e conversa com os alunos sobre a informação dada.
- durante a atividade, caso haja fixação dos cartões em cartaz errado, professor e alunos fazem a correção, colocando-os no lugar certo.

> A seguir apresento uma relação de mitos sobre sexo,
> para auxiliar o professor nessa atividade.

RELAÇÃO DE ALGUNS MITOS SOBRE SEXO

- Fazer sexo em pé não engravida.
- A mulher nunca engravida na primeira relação sexual.
- Masturbação provoca espinhas.
- Masturbação pode deixar o menino louco.
- Só quem entende de sexo é o homem.
- Quando a mulher engravida, a culpa é só dela.
- Todos os homens que fazem vasectomia ficam impotentes.
- Quando os seios são muito acariciados, eles ficam caídos.

- Quanto maior o tamanho do pênis, maior prazer para a mulher na relação sexual.
- Para não engravidar, a mulher deve, imediatamente após a relação sexual, fazer xixi para eliminar os espermatozoides.
- Meninas e moças virgens não engravidam.
- Mulher que faz ligadura das trompas engorda e sofre de frigidez.
- Homossexuais são pessoas doentes.
- Mulher não se masturba.
- Só quem pega aids são os homossexuais e usuários de drogas.

Atividade 52
Aids

Esta atividade auxilia:

- na adoção de atitudes de solidariedade para com os portadores do vírus HIV;
- na identificação dos meios de transmissão do vírus HIV e na proteção em relacionamentos de risco.

Conteúdo:

- HIV: como se transmite e como não se transmite.

Você vai precisar de:

- sala de aula, lousa e giz.

> Aids, em inglês – *acquired immunodeficiency syndrome*.
> Sida, em português = síndrome da imunodeficiência adquirida.

Procedimento:

- o professor pede aos alunos que se organizem em uma grande roda.
- pede que se apresentem dois voluntários, os quais deverão dirigir-se à lousa.
- com a lousa dividida em duas partes, pede que os voluntários se posicionem em lados opostos da lousa.
- inicia a discussão, perguntando aos alunos o que eles sabem sobre o vírus HIV e sobre aids. Ouve todas as contribuições dos alunos.
- em seguida, faz uma pergunta: Como o vírus HIV pode ser transmitido? E pede a um dos voluntários que registre todas as respostas.
- depois, pergunta aos alunos como o vírus HIV não é transmitido. O segundo voluntário registra, também, as respostas do outro lado da lousa.
- após concluir o quadro de transmissão e não transmissão da aids na lousa, professor e alunos analisam as respostas e o professor faz as devidas correções para o bom entendimento do assunto.

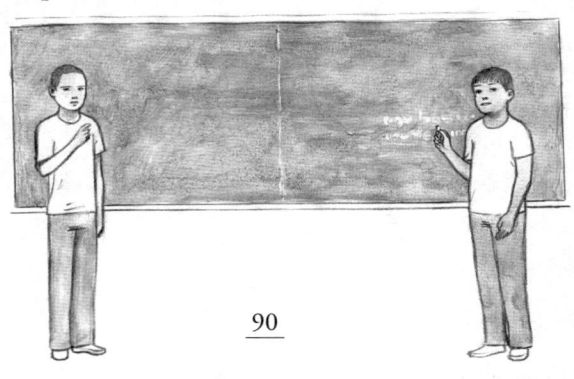

INFORMAÇÕES QUE PODEM
AUXILIAR O PROFESSOR NA ATIVIDADE SOBRE AIDS

COMO SE TRANSMITE O HIV (VÍRUS DA AIDS)?

ALGUMAS ORIENTAÇÕES IMPORTANTES

- Transfusão de sangue contaminado pelo HIV;
- Quando a mãe é portadora do vírus HIV, pode passá-lo ao bebê durante a gestação, o parto e a amamentação;
- Uso de seringas e materiais perfurantes ou cortantes não esterilizados e infectados com o vírus HIV;
- Por meio da relação sexual com parceiro(a) portador(a) do HIV sem fazer uso de preservativos (masculinos ou femininos).

COMO NÃO SE TRANSMITE O HIV (VÍRUS DA AIDS)?

- Por abraços, beijos e cumprimentos;
- Pelo uso comum de talheres, pratos, copos, lençóis, cobertas e cobertores;
- Pelo ar, por meio de espirros ou conversas, dormindo com alguém na mesma cama ou com outros no mesmo dormitório, trabalhando no mesmo ambiente de outras pessoas;
- No uso comum de elevadores e áreas de lazer como parques, teatros, cinema;
- Em transportes coletivos, automóveis, nos bancos e áreas comuns da escola;
- Doando sangue, desde que o material utilizado seja esterilizado ou descartável.

A AIDS NO BRASIL

- De 1980 a junho de 2007 foram notificados 474.273 casos de aids no Brasil, distribuídos conforme quadro abaixo:

Região	Nº de casos
Sudeste	289.074
Sul	89.250
Nordeste	53.089
Centro-Oeste	26.757
Norte	16.103

Nas Regiões Sul, Sudeste e Centro-Oeste, a incidência de aids tende à estabilização. No Norte e Nordeste, a tendência é de crescimento. Segundo a Organização Mundial da Saúde (OMS), o Brasil apresenta uma epidemia concentrada, com taxa de prevalência da infecção pelo HIV de 0,6% na população de 15 a 49 anos.

Conforme aponta o Boletim Epidemiológico 2007, cinco anos depois de diagnosticadas, 90% das pessoas com aids no Sudeste estavam vivas. Em outras regiões, os percentuais foram de 78% no Norte, 80% no Centro-Oeste, 81% no Nordeste e 82% no Sul.

A análise mostra ainda que 20,5% dos indivíduos diagnosticados com aids no Norte haviam morrido em até um ano após a descoberta da doença. No Centro-Oeste, o percentual foi de 19,2%, no Nordeste, de 18,3%, na Região Sudeste o indicador cai para 16,8% e no Sul para 13,5%.

Na série histórica, foram identificados 314.294 casos de aids em homens e 159.793 em mulheres. Ao longo do tempo, a razão entre os sexos vem diminuindo de forma progressiva. Em 1985, havia 15 casos da doença em homens para 1 em mulher. Hoje a relação é de 1,5 para 1. Na faixa etária de 13 a 19 anos, há inversão na razão entre os sexos a partir de 1998.

Em ambos os sexos, a maior parte dos casos concentra-se na faixa etária de 25 a 49 anos. Nos últimos anos, porém, tem-se verificado aumento percentual de casos na população acima de 50 anos em ambos os sexos.

Fonte:
http://www.aids.gov.br/data/pages/LUMIS 13F4BF21PTBRIE.htm

Atividade 53
DSTs

Esta atividade auxilia o aluno a:

• identificar as doenças sexualmente transmissíveis (DSTs), conhecê-las e prevenir-se dos contágios;

• evitar relacionamentos sexuais promíscuos;

• desenvolver senso de responsabilidade com o próprio corpo e com o de possíveis parceiros;

• desenvolver a prática da pesquisa e do estudo.

Conteúdo:

• a saúde sexual.

Você vai precisar de:

• livros, revistas e artigos sobre DSTs, cartolinas, cola, tesoura e canetas ou lápis coloridos.

Procedimento:

• apresentar aos alunos uma relação de DSTs.

- solicitar aos alunos que, em grupos, pesquisem as doenças citadas no que diz respeito a formas de contágio, cuidados para evitá-las, gravidade e consequências para o organismo, sintomas e tratamento.
- os alunos, após pesquisarem, deverão elaborar trabalhos para serem apresentados à classe.
- os trabalhos podem ser feitos em cartolinas, utilizando, além das informações dos livros, recortes de revistas e jornais com fotos e imagens ilustrativas.

RELAÇÃO DE ALGUMAS DOENÇAS SEXUALMENTE TRANSMISSÍVEIS

AIDS – Síndrome (uma variedade de sintomas e manifestações) causada pela infecção do organismo humano pelo HIV (vírus da imunodeficiência adquirida). O HIV compromete o funcionamento do sistema imunológico humano, impedindo-o de executar adequadamente sua função de proteção do organismo contra as agressões externas, tais como: bactérias, outros vírus, parasitas e células cancerígenas. A aids representa o estágio mais avançado da infecção pelo HIV, quando o sistema imunológico já se encontra bem comprometido e surgem outras infecções conhecidas como doenças oportunistas.

BLENORRAGIA – Conhecida também como gonorreia, pingadeira e esquentamento, é a mais comum das DSTs. Nas mulheres, atinge principalmente o colo do útero. A principal forma de contágio dá-se pela relação sexual oral, vaginal ou anal com pessoa infectada sem o uso de preservativos.

CANCRO MOLE – Chamada também de cancro venéreo. Popularmente é conhecida como cavalo. Manifesta-se por meio de feridas dolorosas com base mole, que evoluem com pus, formando, após algum tempo, uma ferida úmida e bastante dolorosa que se espalha e aumenta de tamanho e profundidade. Os primeiros sintomas aparecem de dois a cinco dias após a relação sexual sem proteção com portadores da doença.

CONDILOMA ACUMINADO – É uma lesão na região genital causada pelo papilomavírus humano (HPV). A doença é também conhecida como crista-de-galo, figueira ou cavalo-de-crista. O HPV provoca, nos órgãos genitais, verrugas de tamanhos variáveis com aspecto de couve-flor. Pode estar associado ao aparecimento de alguns tipos de câncer, principalmente no colo do útero, mas também no pênis ou no ânus. Mas nem todo caso de infecção por HPV causa câncer. A infecção é muito comum e dá-se pelo contato direto com a pele contaminada. Na maioria das vezes os homens não manifestam a doença, mas mesmo assim são transmissores do vírus. Para as mulheres é importante fazer com regularidade o exame de prevenção do colo do útero (Papanicolau).

HERPES – É uma doença que aparece e desaparece sozinha, de tempos em tempos, dependendo de certos fatores, como estresse, cansaço, esforço exagerado, febre, exposição ao sol, traumatismo e menstruação. Uma vez infectada pelo vírus do herpes simples, a pessoa permanecerá com o vírus em seu organismo para sempre. O herpes manifesta-se como pequenas bolhas, principalmente na parte externa da vagina e na ponta do pênis, que podem arder e causar coceira intensa. Ao serem coçadas, as bolhas podem romper-se e causar feridas. O herpes genital é transmitido por meio de relações sexuais (oral, vaginal, anal) desprotegidas (sem o uso da camisinha). É uma doença bastante contagiosa, e sua transmissão ocorre quando as bolhas se rompem e são eliminados líquidos de seu interior, os quais, ao entrar em contato com as mucosas da boca ou da região genital ou anal do parceiro, transmitem o vírus.

PEDICULOSE PUBIANA – Ectoparasito-se conhecida há séculos, a pediculose do púbis é causada pelo *Phthirus pubis*, um piolho pubiano. É considerada por alguns autores a mais contagiosa das doenças sexualmente transmissíveis. Coceira intensa é a principal queixa dos pacientes infectados por essa doença. Os sintomas surgem de uma a duas semanas após a infestação. Os piolhos fixam-se aos pelos pubianos e também nas regiões pilosas do abdome inferior,

nas coxas e nádegas. Ocasionalmente, o piolho adulto pode ser encontrado em axilas, pálpebras e supercílios.

SÍFILIS CONGÊNITA – É resultado da infecção do feto pelo *Treponema pallidum*, bactéria causadora da sífilis. Essa infecção dá-se por meio da placenta da mulher grávida infectada. É uma doença grave que pode causar malformação do feto, acarretar sérias consequências à saúde da criança ou até provocar a morte.

TRICOMONÍASE – Infecção causada pelo protozoário *Trichomonas vaginalis*, que pode hospedar-se no colo do útero, na vagina e/ou na uretra. O contágio dá-se por meio das secreções produzidas durante o contato sexual desprotegido com parceiro contaminado. Muitas mulheres infectadas podem não sentir alteração ou reação. Os sintomas, quando surgem, são principalmente corrimento amarelo-esverdeado com mau cheiro, dores durante o ato sexual, ardor, dificuldade para urinar e coceira nos órgãos sexuais. A maioria dos homens não apresenta sintomas; estes, quando aparecem, consistem em irritação na ponta do pênis.

Fonte: PORTAL DO MINISTÉRIO DA SAÚDE

Atividade 54
Afetividade: emoções e sentimentos

Esta atividade auxilia o aluno a:
- identificar e expressar emoções e sentimentos provocados pela descoberta da sexualidade;
- respeitar as emoções e sentimentos de outros;
- promover o autoconhecimento e a reflexão sobre os próprios sentimentos e sensações.

Conteúdo:
- refletindo sobre valores.

Você vai precisar de:
- fichas de papel cartão.

Procedimento:
- o professor pede que os alunos se reúnam em grupos e entrega uma ficha a cada grupo. Cada ficha terá duas palavras. Os alunos diferenciam as duas palavras e estabelecem uma relação entre elas.
- após 20 minutos, cada grupo deverá ler as palavras e as considerações que, pautados em seus valores, fizeram sobre elas.
- a atividade poderá ser encerrada com comentários do professor sobre os valores que apareceram nas respostas dos grupos.

Sugestões de duplas de palavras para os grupos

- AMOR E AMIZADE
- AMOR E PAIXÃO
- SEXO E AMIZADE
- SEXO E PAIXÃO
- SEXO E AMOR
- SEXUALIDADE E SENSUALIDADE
- DESEJO E PAIXÃO
- DESEJO E AMIZADE
- NAMORO E AMIZADE
- NAMORO E GRAVIDEZ

Atividade **55**
Menino pode. Menina pode também!

Esta atividade auxilia:
- na diminuição dos preconceitos relativos a gênero;
- na compreensão de que as brincadeiras infantis não têm sexo;
- no respeito às escolhas e movimentos das crianças ao brincar;
- na reflexão a respeito das diferenças sexuais.

Conteúdo:
- roda de leitura.

> Livro sugerido: BRANCO, Sandra. *Por que meninos têm pés grandes e meninas têm pés pequenos?* Ilustrações de Elma Neves. São Paulo: Cortez, 2004.

Você vai precisar de:
- livro de literatura infantil *Por que meninos têm pés grandes e meninas têm pés pequenos?*

Procedimento:
- o professor organiza os alunos em roda e inicia a leitura do livro sugerido.
- após a leitura, os alunos deverão responder às seguintes perguntas:
  1. Por que você acha que a autora utilizou a metáfora dos pés para falar de preconceito sexual?
  2. Você pensa que pés delicados são sempre os das meninas? Meninos não podem ter pés delicados?
  3. Os pés revelam quem somos ou o que queremos ser?
  4. Meninas brincam de quê?
  5. Meninos brincam de quê?
  6. E você gosta de brincar de quê?
  7. Você já se sentiu discriminado(a) alguma vez?

Atividade 56
Sexualidade saudável

Esta atividade auxilia o aluno a:

• conhecer métodos contraceptivos;
• compreender a busca do prazer sexual, considerando-o como uma prática saudável e de dupla responsabilidade;
• evitar a gravidez indesejada e prematura;
• optar pela gravidez com consciência e responsabilidade.

Conteúdo:

• métodos contraceptivos.

Você vai precisar de:

• livros e revistas para pesquisa, cartolinas, canetas e lápis coloridos.

Procedimento:

• dividir os alunos em grupos. Cada grupo deverá pesquisar um método contraceptivo e relacionar algumas de suas características.
• montam um cartaz com o método contraceptivo escolhido e com as características pesquisadas e estudadas. Por exemplo: custo, indicações, eficácia, contraindicações, vantagens e desvantagens, forma de utilização.
• em seguida, sob a orientação do professor, apresentam suas pesquisas à classe.
• para finalizar, todos em círculo discutem o conhecimento adquirido, assim como o desempenho de cada grupo na elaboração dos trabalhos.

ALGUNS MÉTODOS CONTRACEPTIVOS

PRESERVATIVO MASCULINO – Também chamado de "camisinha masculina", é feito de látex fino e deve ser posto no pênis ereto antes de qualquer contato sexual. A camisinha impede a passagem dos espermatozoides para o útero. Por ser material descartável, não pode ser usada mais de uma vez.

PRESERVATIVO FEMININO – Também chamado de "camisinha feminina", é feito de poliuretano, material macio e transparente, e deve ser colocado antes da relação sexual para revestir a vagina e a parte externa da vulva, de maneira que proteja também os grandes lábios. Tem um anel, feito do mesmo material, que se mantém solto e facilita a colocação e a fixação na vagina. Trata-se também de material descartável.

PÍLULA (ANTICONCEPCIONAL ORAL) – Feita com diferentes combinações de hormônios, de dosagem alta ou baixa, serve para evitar a ovulação da mulher. Tem alta eficácia para evitar a gravidez. Deve ser utilizada após indicação médica.

DIAFRAGMA - É uma capa de látex ou silicone (macia e com aro de metal flexível) que deve ser colocada no fundo da vagina pela própria mulher sempre antes da relação sexual. O diafragma cobre o colo do útero, formando uma barreira que impede os espermatozoides de chegar até o útero. Para a boa eficácia desse método, a mulher deve usar também pomada espermicida. O acompanhamento médico é importante para determinar o tamanho do diafragma.

DISPOSITIVO INTRAUTERINO (DIU) – É uma peça de polietileno que deve ser colocada dentro do útero, procedimento a ser realizado pelo médico. O DIU bloqueia a ação dos espermatozoides, dificultando sua passagem e acesso até o óvulo.

ESPERMICIDAS – Apresentados sob a forma de geleia ou óvulos, são cremes ou supositórios vaginais químicos que matam os espermatozoides. Devem ser colocados na vagina antes da relação sexual. Os espermicidas não têm muita eficácia para evitar a gravidez.

COITO INTERROMPIDO – Método que consiste em tirar o pênis da vagina antes da ejaculação, pode provocar dor pélvica nos homens, além de ansiedade, tensão e nervosismo. Como método contraceptivo, apresenta alto grau de risco e baixa eficácia para evitar a gravidez.

TABELINHA (OGINO-KNAUSS) – Método que consiste no cálculo da contagem dos dias referentes ao período em que a mulher estará fértil, ou seja, o período em que ela ovulará. É nesse período, precisamente, que a mulher deverá evitar ter relações sexuais e, caso decida tê-las, deverá utilizar preservativos, para diminuir o risco de engravidar. Esse método não previne contra DSTs (doenças sexualmente transmissíveis e aids). É necessária muita disciplina da mulher para acompanhar seu ciclo fértil.

VASECTOMIA (ESTERILIZAÇÃO CIRÚRGICA MASCULINA) – Consiste numa pequena cirurgia feita no homem. Os canais deferentes (tubos finos que saem dos testículos, dentro do saco escrotal) são cortados e amarrados, de tal forma que os espermatozoides produzidos não sejam expelidos durante a ejaculação, evitando dessa forma a gravidez. Esse procedimento, regulamentado pela Lei 9.623 de 1996, art. 226, exige indicação médica. O homem submetido à vasectomia não perde sua capacidade sexual, erétil e de ejaculação.

LAQUEADURA (LIGADURA DAS TROMPAS UTERINAS OU ESTERILIZAÇÃO FEMININA) – Trata-se de cirurgia feita na mulher em que o médico corta ou amarra suas trompas uterinas, impedindo a passagem do óvulo. Durante a relação sexual, o espermatozoide não encontra o óvulo, evitando assim a fecundação e a gravidez.

INJEÇÃO CONTRACEPTIVA – Trata-se de injeção com alta dosagem de hormônio que tem efeito prolongado contra a ovulação. Impede a fecundação e tem eficácia de mais de 98% como método para evitar a gravidez.

Atividade 57
Caixa de perguntas

Esta atividade auxilia o aluno a:

• expressar suas dúvidas a respeito da sexualidade anonimamente, sem expor-se ao grupo;
• esclarecer suas dúvidas sobre sexualidade e respeitar a individualidade.

Conteúdo:

• dúvidas sobre sexualidade.

Você vai precisar de:

• uma caixa, que pode ser de papelão – por exemplo, uma caixa de sapatos; fichas pequenas e canetas ou lápis.

Procedimento:

• o professor entrega a cada aluno uma ficha em branco. Pede que escrevam uma pergunta sobre sexualidade a respeito da qual tenham dúvida ou curiosidade.
• após escreverem a pergunta, todos deverão colocar a ficha dentro da caixa. Quando todos tiverem depositado suas fichas, o professor recolhe as fichas e embaralha-as.
• novamente recoloca as fichas dentro da caixa.
• em seguida, retira uma ficha aleatoriamente, lê a pergunta (que será anônima) e interroga se alguém sabe a resposta. Em caso afirmativo, confirma se a resposta está correta ou não. Se não estiver, dá a resposta certa.
• esse procedimento prossegue até o fim da leitura de todas as fichas com perguntas.

> O professor deverá tomar muito cuidado ao responder às perguntas dos alunos, pautando-se em conceitos estruturados e fundamentos sólidos, para que não reproduza estereótipos da mídia, preconceitos de orientações religiosas diversas e práticas do senso comum.

Atividade 58
Descobrir a palavra e seu sentido

Esta atividade auxilia:

• no estudo sobre temas ligados à sexualidade;
• na curiosidade e na busca de informações;
• no trabalho cooperativo e na socialização de ideias.

Conteúdo:

• sexualidade.

Você vai precisar de:

• cartolinas, lápis de cor ou canetas coloridas, livros e revistas.

Procedimento:

• o professor apresenta uma série de palavras (ligadas à sexualidade) com as letras fora de ordem.
• conforme os alunos vão descobrindo a palavra, formam grupos e, em seguida, pesquisam seu sentido.
• cada grupo deverá apresentar o trabalho à classe por meio de cartazes explicativos, utilizando cartolinas com colagens, textos ou desenhos.

Exemplos

M A Z O P E R S E I D O T E	(espermatozoide)
A U C Ç O E J L Ã A	(ejaculação)
S U T E N A M R Ç O Á	(menstruação)
S A G O R O M	(orgasmo)
O T R A S A M B U Ã Ç	(masturbação)
S I R V A R V E P O T E	(preservativo)

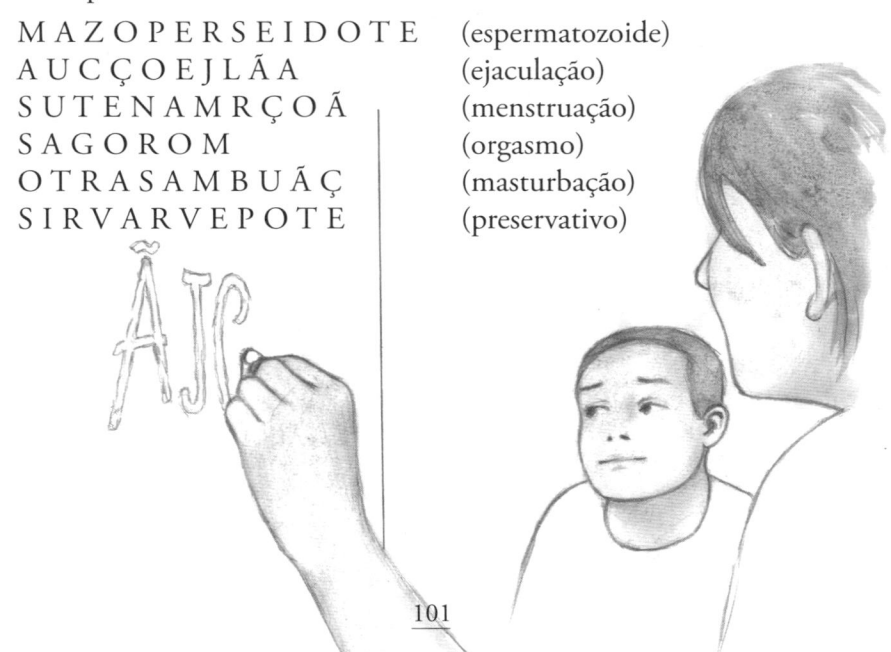

<h1 style="text-align:center">Atividade 59
Preconceito sexual</h1>

Esta atividade auxilia o aluno a:

- respeitar a diversidade de valores e atitudes relativas à sexualidade;
- reconhecer e respeitar os comportamentos sexuais;
- eliminar atitudes discriminatórias;
- exercitar a reflexão e a oratória.

Conteúdo:

- fórum.

Você vai precisar de:

- sala de aula.

Procedimento:

- o professor promove a técnica de fórum entre os alunos.
- define por sorteio quem será o juiz, o advogado de defesa, o promotor e os jurados.
- o professor, como auxiliar do juiz, será o mediador em caso de exaltação de ânimos.
- o réu será o "preconceito sexual", cuja ocorrência tem prejudicado as boas relações entre as pessoas de uma sociedade hipotética.
- são definidos os minutos para a acusação, para a defesa, para a decisão dos jurados e, finalmente, para a decisão do juiz.
- o professor registra em um caderno suas observações acerca da fala dos alunos.
- ao término, levanta as principais questões suscitadas pelo fórum.

Atividade 60
Caça-palavras temático

Esta atividade auxilia o aluno a:

- obter uma orientação segura sobre sexualidade;
- reconhecer e respeitar a sexualidade como uma manifestação normal e sadia das pessoas;
- exercitar a reflexão e a escrita.

Conteúdo:

- caça-palavras baseado em texto com definição de sexualidade por parte da Organização Mundial da Saúde (OMS).

Você vai precisar de:

- cartolina, canetas coloridas e texto da OMS.

Procedimento:

- o professor apresenta o texto da OMS que define a palavra "sexualidade".
- no texto, estarão em negrito as palavras a ser descobertas no caça-palavras.
- após descobrirem todas as palavras escondidas, professor e alunos analisam o texto e formam uma roda de discussão, na qual todos expressam o que entenderam do texto.
- para finalizar, o professor sugere que cada aluno faça uma redação a respeito de sexualidade.

Texto da Organização Mundial da Saúde (OMS) – Sexualidade

"Uma **energia** que nos motiva a procurar o **amor**, contato, **ternura**, **intimidade**, que se integra no modo como nos sentimos, movemos, tocamos e somos tocados; é ser **sensual** e ao mesmo tempo sexual; ela influencia pensamentos, **sentimentos**, ações e interações com os outros e, por isso, influencia também a nossa saúde física e mental."

Q	A	Z	W	S	X	E	D	C	R	F	V	I	D	T	G	B
T	G	B	Y	H	N	Y	S	H	M	O	R	P	L	M	Ç	K
M	N	B	V	C	X	Z	E	N	E	R	G	I	A	A	E	S
A	D	O	G	P	A	C	X	I	E	N	S	A	U	D	F	R
U	I	E	F	C	M	L	U	T	I	M	B	V	C	X	Z	A
Q	N	A	Z	Ç	L	M	A	L	E	F	I	U	N	I	O	Ç
I	T	I	M	I	D	A	L	E	T	O	C	M	O	S	A	N
S	I	X	S	E	N	T	I	M	E	N	T	O	S	Q	S	B
Q	M	S	C	F	G	H	D	J	K	L	Ç	Z	X	V	E	B
P	I	F	E	R	T	Y	A	U	I	O	K	H	G	I	N	V
I	D	G	F	Q	U	A	D	L	I	S	E	N	S	U	A	L
N	A	G	E	P	Ç	K	E	C	O	Q	A	M	I	R	L	C
G	D	V	R	F	E	S	T	I	X	A	D	E	V	U	E	A
P	E	V	T	A	M	O	R	C	P	L	O	A	S	S	X	S
S	E	S	U	X	A	L	E	S	T	E	R	N	U	R	A	R

---

*"As pessoas grandes aconselharam-me a deixar de lado
os desenhos de jiboias abertas ou fechadas
e dedicar-me de preferência à geografia, à história,
ao cálculo, à gramática. Foi assim que abandonei,
aos seis anos, uma esplêndida carreira de pintor."*

(Saint-Exupéry)

TRABALHO E CONSUMO

O tema transversal Trabalho e Consumo, ao atravessar o currículo escolar, tem a intenção de propiciar melhor conhecimento das relações entre o trabalho e o consumo, entre os direitos e os deveres do homem em meio a uma sociedade marcada por desigualdades sociais. Conhecer os mecanismos e armadilhas do mundo capitalista e garantir o acesso à participação na elaboração das políticas públicas em benefício dessa mesma sociedade é o passo inicial para a construção e a manutenção da cidadania e o alcance de uma vida digna e o mais livre possível de injustiças.

As atividades deste capítulo propõem práticas que promovem atitudes de consumo e trabalho não alienados, os quais, mesmo sob a influência de fatores externos, preservem a dignidade e a liberdade das pessoas, dando-lhes um entendimento maior do que seja a vida em sociedade, na qual sejam preservados os direitos e cumpridos os deveres dos homens a fim de atingirem maior grau de discernimento. Tais atitudes podem transformar, para melhor, nossa sociedade marcada por desajustes sociais e econômicos.

As atividades de 61 a 70 referem-se ao tema transversal Trabalho e Consumo.

Desperdício gera despesa

Esta atividade auxilia:

• na compreensão de que o desperdício provoca danos materiais e sociais;
• no estímulo ao consumo inteligente, à disciplina e ao bom senso.

Conteúdo:

• roda de leitura.

> Livro sugerido: COELHO, Maria de Lourdes. *Pedro compra tudo* (e Aninha dá recados). Ilustrações de Sílvia Aroeira. São Paulo: Cortez, 2004.

Você vai precisar de:

• livro de literatura infantil *Pedro compra tudo (e Aninha dá recados)*.

Procedimento:

• O professor organiza seus alunos em roda e inicia a leitura do livro sugerido.
• Após a leitura, os alunos deverão responder às seguintes perguntas:

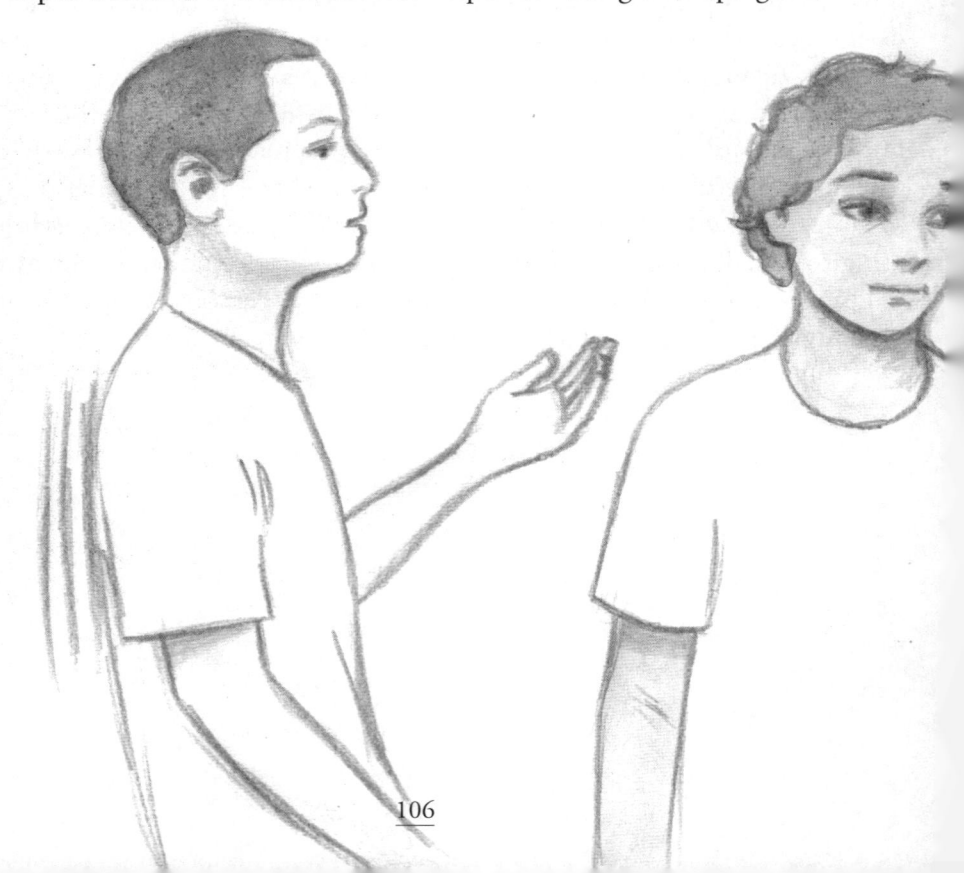

1. Quando acompanho meus pais às compras do supermercado, sempre lhes peço que comprem mais coisas do que realmente quero e de que preciso? Em caso afirmativo, eles compram ou não?
2. Quanto à alimentação, sirvo-me do suficiente ou coloco no prato mais comida do que a porção que realmente vou comer? Costumo jogar comida no lixo?
3. Tenho cuidado com minhas roupas, a fim de não estragá-las logo e precisar comprar outras?
4. Uso tudo o que compro ou o que compram meus pais para mim?
5. Utilizo com cuidado meu material escolar? E meus brinquedos e jogos?

• Após responderem às perguntas, o professor sugere um debate sobre consumo inteligente e desperdício e pede aos alunos que reflitam sobre suas atitudes e sobre como melhorá-las a fim de evitar o desperdício.

Atividade 62
Consumo e satisfação

Esta atividade auxilia o aluno a:

• relacionar consumo com qualidade de vida e redimensionar os valores relativos às necessidades para uma vida saudável;

• reconhecer e compreender as próprias necessidades e avaliar a qualidade de sua vida.

Conteúdo:

• do que preciso para viver?

Você vai precisar de:

• aparelho de CD para reprodução da música *Comida*, dos Titãs, e cópias da letra da música.

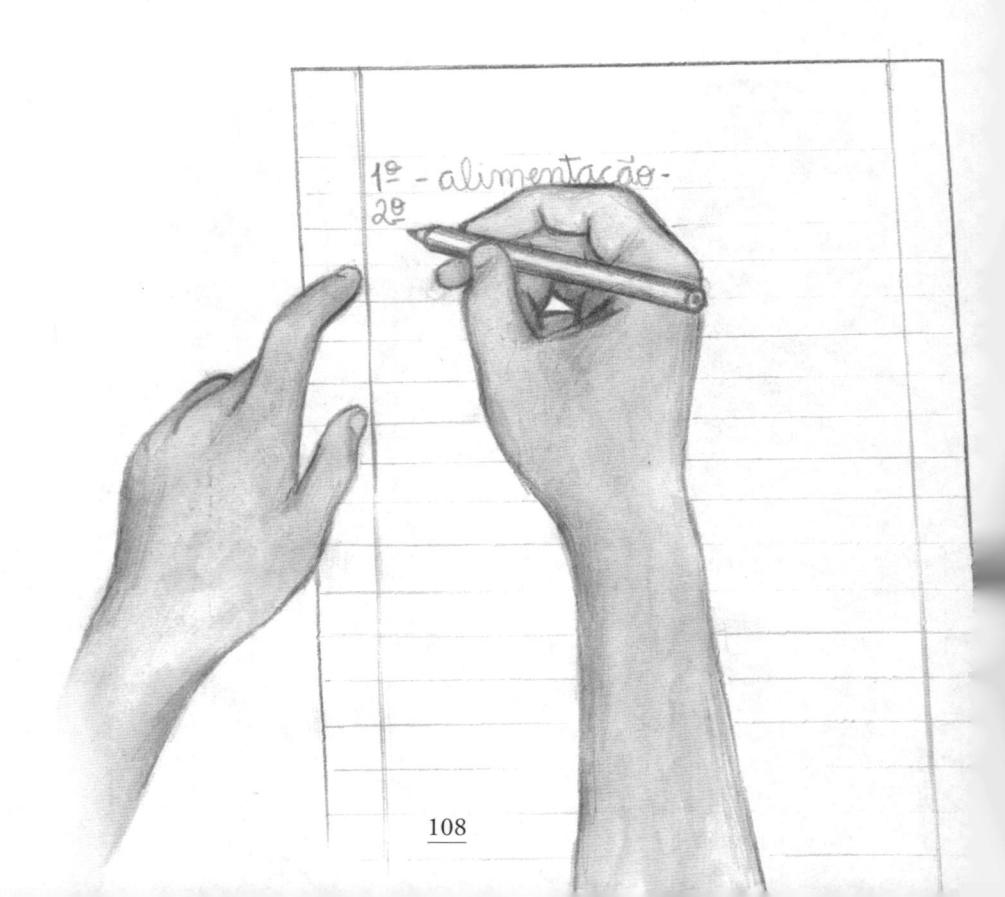

Procedimento:

- o professor põe para tocar a música *Comida*, dos Titãs.
- os alunos ouvem a música e acompanham sua letra por escrito.
- após a audição, o professor promove uma roda de discussão na qual os alunos possam refletir sobre suas necessidades orgânicas, culturais e estéticas.
- os alunos redigem uma lista daquilo que consideram fundamental para a manutenção de suas vidas, desde aquilo que é necessidade básica – alimentação, saúde, moradia, higiene, vestuário, educação – até necessidades como lazer, divertimento, passeios, amizades, namoro, brinquedos, livros e beleza, entre outras.
- para concluir, o professor conversa com os alunos sobre a importância da satisfação das próprias necessidades e sobre as possibilidades de obtê-la – condição fundamental para a constituição e a manutenção da saúde física, psicológica e mental.

Atividade 63
Primeiro de maio

Esta atividade auxilia o aluno a:
- conhecer a história da criação do Dia do Trabalho;
- estabelecer relações entre o feriado e a cultura do trabalho;
- posicionar-se criticamente no que diz respeito à importância do trabalho para a vida social e econômica do País.

Conteúdo:
- dia do Trabalho.

Você vai precisar de:
- livros e/ou *sites* de pesquisa.

Procedimento:
- os alunos, organizados em grupos, serão orientados a buscar em livros ou *sites* de pesquisa a origem da comemoração do Dia do Trabalho.
- em seguida, cada grupo aprofunda sua pesquisa, levantando informações sobre a criação, no Brasil, do salário mínimo e da Justiça do Trabalho.
- para adensar a atividade, o professor solicita aos alunos que respondam às seguintes questões:
    1. O que você acha de o Dia do Trabalho ser visto como um dia de descanso?
    2. Você acredita que a criação do salário mínimo ofereceu garantias à população brasileira?
    3. Você considera justo o valor atual do salário mínimo? Crê ser possível ter uma vida digna com um salário mínimo?
    4. Você conhece algum caso que tenha sido levado à Justiça do Trabalho? Em caso afirmativo, o trabalhador foi beneficiado?

MATERIAL AUXILIAR PARA A ATIVIDADE "PRIMEIRO DE MAIO"

O **Dia Mundial do Trabalho** foi criado em 1889 por um congresso socialista realizado em Paris. A data foi escolhida em homenagem à greve geral ocorrida no dia 1º de maio de 1886 em Chicago, então principal centro industrial dos Estados Unidos. Milhares de trabalhadores foram às ruas em protesto contra as condições de trabalho desumanas a que eram submetidos. Exigiam a redução da jornada diária de trabalho de 13 para 8 horas. Nesse mesmo dia, as manifestações, por meio de passeatas, piquetes e discursos, agitaram a cidade, e a repressão ao movimento foi dura, com prisões, pessoas feridas e, também, mortas no confronto entre os trabalhadores e a polícia.

Em memória aos mártires da cidade de Chicago e das reivindicações operárias e por todo o significado dessa luta de trabalhadores por seus direitos, o dia 1º de maio foi instituído como o DIA MUNDIAL DO TRABALHO.

No Brasil, a data foi transformada em feriado nacional em setembro de 1924 por um decreto do presidente Artur Bernardes.

O **salário mínimo** foi criado no dia 1º de maio de 1940, pelo então presidente Getúlio Vargas, por meio de um decreto-lei que o fixou em 240 mil réis. Segundo o documento, o salário mínimo deveria ser capaz de satisfazer às necessidades de alimentação, habitação, vestuário, higiene e transporte do trabalhador. Na época, a notícia foi recebida com alegria e euforia, e mais de 1 milhão de trabalhadores brasileiros foram beneficiados, visto que ganhavam abaixo desse valor. O salário mínimo era uma reivindicação desde 1917.

Em 1º de maio de 1941 foi criada, no Brasil, a **Justiça do Trabalho**, cujas principais atribuições hoje são conciliar e julgar os dissídios individuais e coletivos e as demais questões referentes às relações de trabalho regidas pelas normas do direito trabalhista.

Trabalho infantil

TRABALHO E CONSUMO

Esta atividade auxilia o aluno a:

- compreender o trabalho infantil como uma violação dos direitos da criança;
- relacionar trabalho infantil a fatores de natureza econômica, cultural e social;
- valorizar a educação e o ensino como alavancas para diminuir a exploração do trabalho infantil.

Conteúdo:

- Criança e trabalho: uma mistura perigosa!

Você vai precisar de:

- cartolinas, lápis e canetas coloridas, recortes de jornais e revistas, livros para pesquisa.

Procedimento:

- O professor pede aos alunos que, em grupos, respondam às seguintes questões, que deverão fazer parte de um cartaz sobre os perigos do trabalho infantil para a constituição da criança.
  1. Crianças devem trabalhar?
  2. Você conhece alguma criança que trabalha?
  3. Com que idade você acredita que o jovem deve trabalhar?
  4. A criança que trabalha pode ser prejudicada? Em que sentido?
  5. O que você sugere para diminuir o trabalho infantil?
  6. Quais regiões do Brasil apresentam um maior número de crianças que trabalham? Em que elas trabalham? Por que trabalham?
- Como fechamento, o professor pede a cada grupo que exponha o resultado de seu trabalho à classe e enaltece a ideia de erradicação do trabalho infantil.

TRABALHO DE CRIANÇA NÃO É BRINCADEIRA, NÃO!

Trabalho de criança
não é vender bala na rua,
é guardar os seus brinquedos
ou qualquer coisa que é sua.

Trabalho de criança
não é engraxar sapato,
é dar comida pro cão,
pro passarinho e pro gato.

Trabalho de criança
não é lavar para-brisa,
é buscar o chinelinho
do vô, da vó e da bisa.

Trabalho de criança
não é cuidar de irmão,
é regar as plantinhas,
a violeta e o tinhorão.

Trabalho de criança
não é ser empregada do lar,
mas pôr a mesa do almoço
é um modo de ajudar.

Trabalho de criança
não é ser um carvoeiro,
é fazer a própria cama,
arrumar o travesseiro.

Trabalho de criança
não é ser "aviãozinho",*
é montar quebra-cabeça
e desmontar o carrinho.

Trabalho de criança
não é capinar a roça,
é ajudar a mãe
somente naquilo que possa.

Trabalho de criança
não é escavar o lixão,
é frequentar a escola
e fazer sua lição.

Fazer malabarismo,
que brincadeira legal!
Mas não pra ganhar dinheiro
na esquina, no sinal.

Trabalho de criança
não é trazer água do açude.
Criança tem que jogar dama,
pião e bolinha de gude.

Trabalho de criança
não é tomar conta de carro,
é fazer escultura
com sucata, gesso ou barro.

Trabalho de criança
não pode ser com facão,
tampouco com veneno
que se põe na plantação.

Trabalho de criança
não é no canavial,
é dar milho pra galinha
que anda pelo quintal.

Quem viajou por aí
já viu de noite e de dia
criança tapando buraco
no meio da rodovia.*

Trabalho de criança
não é colher algodão,
depois carregar o cesto
pra encher o caminhão.

Lavar a bicicleta
e consertar o brinquedo
é bom para aprender
a zelar desde cedo.

Quando estiver na escola
criança não deve esquecer
de deixar a sala arrumada
do jeito que deve ser.

Trabalho de criança
tem de ser pra aprender
que todo mundo precisa
cooperar, mas não sofrer.

Trabalho de criança
é tarefa, ocupação,
mas é preciso ter cuidado
pra não virar exploração.

Pra ser assim desse jeito
é preciso justiça e respeito,
para que toda criança
veja valer seu direito.

* "Aviãozinho" é um termo da linguagem comum utilizado, no meio da marginalidade, para designar as crianças que vendem ou entregam a droga.

* Pelas estradas do Brasil é comum ver crianças jogando terra nos buracos do asfalto para ganhar um dinheirinho dos motoristas.

Ramos, Rossana. *Trabalho de criança não é brincadeira, não*. 1. ed. São Paulo. Cortez, 2007.

Atividade 65
Escola e profissão

TRABALHO E CONSUMO

Esta atividade auxilia o aluno a:

• compreender a escola como espaço privilegiado para a construção de atitudes e comportamentos favoráveis à boa formação cultural e intelectual;
• refletir sobre o próprio aprendizado e sobre a contribuição deste para a vida profissional;
• valorizar a educação e o ensino como alavancas para a conquista dos bens e direitos do cidadão.

Conteúdo:

• estudo e trabalho – formação e profissão.

Você vai precisar de:

• livros sobre profissões, cartolinas, canetas e lápis coloridos, revistas e jornais.

Procedimento:

• os alunos deverão pesquisar profissões. Inicialmente a ideia é começar por aquilo que eles desejam tornar-se como profissionais.
• em grupos, definidos por afinidade de profissões, os alunos deverão pesquisar a profissão escolhida: o mercado de trabalho, custos de formação, benefícios para a sociedade e histórico da profissão, entre outros aspectos.
• para tanto, utilizam-se de pesquisas sobre profissões em revistas, jornais e livros, confeccionam cartazes com textos e imagens e finalizam com uma apresentação de cada grupo à classe.

Trabalho de homem – Trabalho de mulher

Esta atividade auxilia o aluno a:
• refletir sobre gênero e profissões;
• relacionar trabalho com competência e aptidão;
• valorizar o profissional, independentemente do sexo.

Conteúdo:
• trabalho de homem – trabalho de mulher.

Você vai precisar de:
• lousa e giz.

Procedimento:
• o professor solicita aos alunos que se sentem em círculo. Em seguida, pede que, um de cada vez, vão até a lousa e escrevam o nome de uma profissão ou atividade.
• lê em voz alta cada profissão ou atividade listada pelos alunos e pergunta: Vocês acreditam que essa profissão/atividade é masculina, feminina ou pode ser praticada por homens e mulheres?
• conforme as respostas dos alunos, o professor reforça a ideia de que as profissões e atividades listadas podem não ser tão definidas como pensamos.
• poderá também exibir um filme que trate de gênero nas profissões. Por exemplo: *Uma babá quase perfeita.*

TRABALHO E CONSUMO

Escola e profissão

Esta atividade auxilia o aluno a:
- observar as profissões e atividades comerciais presentes no entorno da escola;
- conhecer e valorizar as atividades que fazem parte da comunidade;
- analisar as condições de trabalho dos locais observados.

Conteúdo:
- Atividades profissionais presentes no entorno da escola.

Você vai precisar de:
- momento para caminhada.

Procedimento:
- o professor organiza uma caminhada pelo bairro onde se localiza a escola.
- os alunos, munidos de cadernos e lápis ou canetas, deverão registrar todos os estabelecimentos comerciais, industriais ou outros que encontrarem, por exemplo: indústrias, padarias, papelarias, varejos diversos, lojas, mercados, comércio informal, bancos.
- ao terminarem o registro, os alunos passam a observar as condições desses estabelecimentos naquele ambiente.
- de volta à sala de aula, organizados em grupos, transferem suas observações para uma cartolina e apresentam-nas à classe.
- segue-se uma discussão sobre como se encontram os locais visitados e sobre o que puderam observar a respeito da condição dos trabalhadores (se trabalham com satisfação, se têm garantidas as devidas condições de higiene e segurança etc.).

Pedir nota fiscal é legal!

Esta atividade auxilia:
- no exercício da cidadania;
- na compreensão de que a emissão de notas fiscais regula o comércio e incentiva o desenvolvimento, evitando sonegações;
- na valorização dos próprios bens móveis, como o dinheiro.

Conteúdo:
- exercitando a cidadania.

Você vai precisar de:
- algumas notas fiscais.

Procedimento:
- o professor seleciona uma série de notas fiscais ou solicita que os alunos peçam aos pais que emprestem algumas notas fiscais.
- a atividade consiste em mostrar aos alunos a necessidade de pedir notas fiscais para quaisquer produtos ou serviços que forem prestados e cobrados.
- ao analisar as notas, o professor mostrará aos alunos que o valor gasto se referiu, também, ao pagamento de tributos, necessários para integrar receitas públicas que poderão beneficiar a própria população.
- os alunos verificarão que o preço pago não é somente pelo produto, mas também para pagamento de impostos que reverterão, ou deveriam reverter, para o bem da população.

Atividade 69
Quanto custa?

Esta atividade auxilia o aluno a:

- exercitar a cidadania;
- desenvolver o bom senso financeiro;
- evitar o desperdício;
- valorizar os próprios bens.

Conteúdo:

- pesquisa de mercado.

Você vai precisar de:

- tabelas de preços de mercados variados.

Procedimento:

- o professor sugere aos alunos que, ao acompanharem seus pais às compras, em supermercados ou mercados, peguem um jornal com tabelas de preços dos produtos lá oferecidos; o professor também poderá levar algumas tabelas. Tabelas de preços de vários mercados ou supermercados podem ser encontradas ainda em encartes de jornais.
- supondo que vários alunos tragam as tabelas de locais variados, o professor sugere a verificação dos produtos e a observação das variações de preços praticados pelos estabelecimentos.
- os alunos preparam uma planilha com as variações.
- ao analisarem a planilha, poderão levantar questões como: Por que tal mercado pratica preço mais alto ou mais baixo para tal produto? Por que, em bairros diferentes, encontramos preços diferentes para os mesmos produtos?

Produtos / Preços	Conteúdo/Peso	Mercado 1	Mercado 2	Mercado 3
Açúcar refinado	1 kg	R$ 1,05	R$ 0,99	R$ 0,77
Água sanitária	2 l	R$ 1,99	R$ 1,69	R$ 1,98
Arroz agulhinha tipo 1	5 kg	R$ 6,48	R$ 6,29	R$ 5,97
Café torrado moído	500 g	R$ 3,98	R$ 4,69	R$ 3,87
Carne bovina (fraldinha)	1 kg	R$ 6,97	R$ 8,10	R$ 7,90
Creme dental	100 g	R$ 1,08	R$ 2,19	R$ 1,79
Feijão carioca	1 kg	R$ 6,19	R$ 5,97	R$ 4,97
Iogurte com polpa de fruta	540 g	R$ 2,49	R$ 2,99	R$ 1,99
Linguiça calabresa defumada	1 kg	R$ 5,69	R$ 5,49	R$ 4,98
Macarrão com ovos	500 g	R$ 1,69	R$ 1,34	R$ 1,29
Margarina cremosa com sal	500 g	R$ 1,99	R$ 2,59	R$ 1,99
Óleo de milho	500 ml	R$ 3,98	R$ 3,69	R$ 2,99
Papel higiênico folha simples	30 m/ 8 rolos	R$ 2,97	R$ 2,99	R$ 2,79
Refresco em pó	30 g	R$ 0,65	R$ 0,55	R$ 0,55
Refrigerante	2 l	R$ 2,99	R$ 2,19	R$ 2,09
Sabão em pó	2 kg	R$ 4,77	R$ 4,69	R$ 5,79
Sabonete	90 g	R$ 1,07	R$ 0,48	R$ 0,95
Salsicha hot dog	1 kg	R$ 3,15	R$ 2,99	R$ 2,78
Suco de fruta	1 l	R$ 2,19	R$ 1,79	R$ 1,89
	TOTAL	R$ 61,37	R$ 61,70	R$ 57,33

Atividade 70
Que profissão é essa?

Esta atividade auxilia o aluno a:

• conhecer a diversidade de profissões existentes;
• identificar profissões novas;
• reconhecer profissões em declínio;
• valorizar o trabalho.

Conteúdo:

• pesquisa sobre profissões.

Você vai precisar de:

• livros, revistas e jornais que falem sobre profissões (antigas e atuais).

Procedimento:

• os alunos serão orientados a fazer uma pesquisa sobre as profissões que estão desaparecendo ou já desapareceram, assim como sobre novas profissões que estão surgindo.
• após relacionar as profissões em declínio, o grupo deverá refletir sobre os motivos que as levaram a essa situação.
• o mesmo procedimento deverá ser aplicado para refletir sobre os motivos da necessidade de criação de outras profissões.
• os alunos registram suas observações e o professor discute com os alunos questões como: trabalho, consumo, desenvolvimento, crescimento econômico, crescimento populacional, novas mídias e tecnologias e crise ambiental, entre outras.

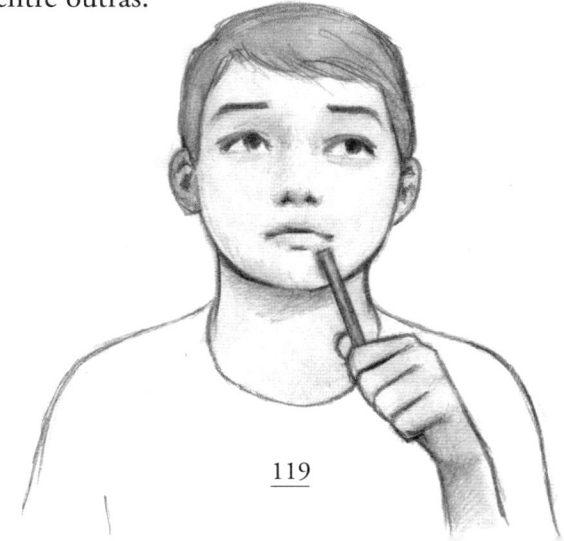

Sandra Branco é natural de São Paulo. Licenciada em Pedagogia, especialista em Didática do Ensino Superior e mestre em Educação, Arte e História da Cultura. Professora universitária e autora de livros de literatura infantil e de formação de professores.

Livros publicados
Literatura infantil

- *Por que meninos têm pés grandes e meninas têm pés pequenos?* São Paulo: Cortez, 2004.
- *O dia em que a morte quase morreu.* São Paulo: Salesiana, 2006.
- *A menina cabeça de vento.* São Paulo: Cortez, 2006.
- *A cidade dos carregadores de pedras.* São Paulo: Cortez, 2008.

Formação de professores

- *Educação ambiental*: metodologia e prática de ensino. Rio de Janeiro: Qualitymark, 2003.
- *Meio ambiente e educação ambiental na educação infantil e no ensino fundamental.* São Paulo: Cortez, 2007. (*Coleção Oficinas – Aprender fazendo.*)

Contato com a autora:
sandrinhabranco@gmail.com
www.sandrabranco.com